CATHERINE BLAKE
BELLA

Catherine Blake

Bella

Geschichte eines Straßenmädchen

ROMAN

© 2000
Edition Combes
im Verlag Frank de la Porte
Frankenstraße 17
D-96328 Küps

ISBN 3-932416-18-X

Vorwort

Mein Name ist Catherine Blake. Ich bin Psychiaterin und Sexualtherapeutin und habe meine Praxis in New York. Ich beschäftige mich ausschließlich mit Fällen, in denen die Sexualität der Patienten von der sogenannten Norm abweicht. Ich verstehe darunter nicht unbedingt abnorme Neigungen. Nein, bei meinen Patienten handelt es sich um Fälle, in denen sie das Gefühl haben, daß mit ihrer zwar ungewöhnlichen, aber überaus normalen Sexualität etwas nicht stimmt und sie deshalb in seelische Konflikte geraten sind.

In den meisten Fällen ist es mir bisher gelungen, das seelische Gleichgewicht der Patienten wieder herzustellen. Denn nur darum geht es. Man kann nicht von ‚Heilung' sprechen, wenn nichts Krankhaftes vorliegt. Ich lasse meine Patienten erzählen, was sie beschäftigt, was sie drückt; in manchen Fällen verschwinden dann die seelischen Probleme allein dadurch, daß sie sie ausgesprochen haben.

In meiner langjährigen Praxis habe ich die Erfahrung gemacht, daß man in meinem Beruf nur dann sein Ziel erreichen kann, wenn man sich einem Fall vollständig widmet, und zwar – was am wichtigsten ist – mit absoluter Offenheit. Es darf in diesen Fällen keine Tabus geben, sonst verhindert man selbst den Erfolg. Deshalb verwende ich auch nicht die sterile

Sprache mancher Kollegen, die über Libido, Kopulation, Penis und Vagina sprechen. Der Patient oder die Patientin kommt zu mir, weil etwas mit seinem Schwanz oder mit ihrer Fotze nicht in Ordnung zu sein scheint. Oder weil sie Probleme beim Ficken haben. So nennen sie das, und ich muß sie ermuntern, die Sachen auch beim Namen zu nennen, damit sie aus sich herausgehen, sich mir öffnen können. Nur so kann ich in die Tiefe ihrer Seele blicken und dort die falsch interpretierten Sachen zurechtrücken. Um diese absolute Hingabe und dieses Sich-Öffnen den Patienten zu erleichtern, müssen sie sich völlig nackt ausziehen und sich auf meine Psychiatercouch legen. So kann ich ihren ganzen Körper ständig beobachten und auch die kleinsten Reaktionen oder Regungen registrieren, um mir ein Urteil zu bilden.

Ja, manchmal schlafe ich sogar mit meinen Patienten, ob Männlein oder Weiblein, wenn ich der Meinung bin, daß ihnen das hilft. Und ich bin glücklich, daß ich eine Frau bin. Denn ich liebe die Männer, und deshalb kann ich ihre Probleme auch verstehen. Und ich kenne die Frauen, deshalb kann ich auch ihre Probleme verstehen. Und ich kann sowohl mit Männern als auch mit Frauen schlafen, und mir selbst macht es sogar Spaß.

Soviel zur Einleitung. Ich schildere jetzt den Fall eines jungen Mannes, nennen wir ihn Mr. Marshall. Er war der Meinung, daß er sich außerhalb des moralisch Erlaubten bewegt. Er ist zwar mit seinem Leben

zufrieden, aber die Unsicherheit, ob sein Glück den Normen entspricht, verursacht bei ihm nervöse Störungen. Die Namen und die Ortschaften habe ich geändert, um die Beteiligten zu schützen, aber die Geschichte ist authentisch. Ich gebe sie hier so wieder, wie mein Patient sie mir erzählt hat, also mit seinen eigenen Worten. Vielleicht trifft der eine oder andere Leser auf Entsprechungen in seinem eigenen Leben und kann demnächst damit besser umgehen und sich selbst besser akzeptieren.

I

Das Telefon klingelte. Mein alter Freund Frank war
am anderen Ende der Strippe.

»Kann ich bei dir vorbeikommen?«

»Aber natürlich«, erwiderte ich, »du kannst jeder
zeit kommen.«

»Ich bringe eine neue Fotze mit«, sagte Frank, »eine
wirklich hübsche Pflaume.«

Ja, das war Frank. Wir haben etliche saftige Pflau-
men zusammen erobert und mit unseren Schläuchen,
die uns die Natur geschenkt hat, begossen.

»Was würde sie sagen, wenn sie hörte, wie du über
sie sprichst?« fragte ich.

»Sie steht neben mir«, konterte Frank, »es macht
ihr nichts aus.«

Nach diesem kurzen Gespräch hatte ich eine ziemlich abgetakelte Schlampe erwartet. Doch Frank kam
mit einem hübschen jungen Mädchen an, mit einem
gepflegten Mädchen von erfrischender Schönheit. Es
trug ein leichtes, geblümtes Kleid, dessen Ausschnitt
und die kurzen Ärmel hellblau eingefaßt waren. Das
Kleid betonte die wirklich anregende Figur und ließ
gleichzeitig ahnen, daß das Mädchen darunter nichts
trug.

»Bella«, stellte sich das Mädchen vor. »Eigentlich
heiße ich Annabell, aber man nennt mich nur Bella.

Und wie heißt du?« fragte sie und verwendete gleich das vertrauliche ‚Du'.

»Micky«, sagte ich, und ihre Worte parierend fügte ich hinzu: »Eigentlich heiße ich Michael, aber man nennt mich nur Micky.«

Ich machte Kaffee, und während wir tranken, beobachtete ich Bella. Ich muß gestehen, sie gefiel mir außerordentlich. Sie hatte große, dunkle Augen, die sehr gut zu ihrem hellen Teint und zu ihrem mittelblonden Haar paßten. Sie hatte – das war durch das dünne Kleid deutlich zu sehen – gut entwickelte, aber nicht übermäßig große Brüste, die bei jedem Schritt elastisch schwangen und und sehr aufregend wippten. Die leichte Wölbung ihres Bauches zeichnete sich durch den dünnen Stoff ab, ebenso wie ihre sehr schön geformten Hinterbacken. Unter dem kurzen Kleid stachen die wohlgeformten und nicht enden wollenden Beine ins Auge. Sie waren mit leichtem Flaum bedeckt, der im Sonnenlicht wie Gold glänzte.

Frank erzählte, daß sie sich seit einer Woche kennen, in dieser Zeit aber nur dreimal miteinander gebumst hatten, weil Frank sie nicht mit nach Hause nehmen kann. Er ist nämlich verheiratet, und seine Frau würde da nicht mitspielen. Auch heute hätte er Lust, mit ihr zu bumsen, aber er wüßte nicht, wo. Da kam ihm die Idee, sie mit zu mir zu bringen.

»So können wir beide sie ficken«, sagte er dann mit der größten Selbstverständlichkeit.

Und Bella schien sich durch diese Offenheit nicht gestört zu fühlen.

So kam es dann, daß Frank sie aufforderte, das Kleid auszuziehen. Ohne Widerspruch hob Bella das Kleid in die Höhe, um es über den Kopf zu streifen. Auf diese Weise kam ich dann in den Genuß, ihren wunderschönen Arsch zu betrachten, und während sie sich drehte, kam auch ihre Spalte in mein Blickfeld. Sie war mit wenig Haar bedeckt, das etwas dunkler war als ihr Kopfhaar, aber ließ die wunderbare Wölbung ihres Venushügels und ihrer äußeren Schamlippen klar erkennen.

»Sie hat eine wunderbare Pflaume«, schwärmte Frank. »Faß sie an.«

Ich ließ mich nicht zweimal bitten, und weil auch Bella nicht protestierte, umklammerte ich mit einer Hand ihre Scham, während meine andere Hand ihre Hinterbacken festhielt. Ihre junge Fotze schmiegte sich warm und weich in meine Hand, und als ich einen Finger zwischen die Schamlippen in ihre feuchte Scheide steckte, erschauerte Bella und lehnte sich mit ihrem Oberkörper an mich. Sie reichte mir unaufgefordert ihren Mund zum Kuß, und ich drückte meine Lippen auf die ihren.

»Fick du sie zuerst«, sagte Frank, »ich kenne sie ja schon.«

Meine Hand spielte mit ihrer Vulva, und Bella öffnete mit geübten Fingern meine Hose. Sie holte meinen Schwanz heraus, der in voller Erektion stand. Kein Wunder, seit zwei Wochen hatte ich keine Gelegenheit, ihn in eine warme Muschi zu stecken. Nicht daß ich lange hätte suchen müssen, um ein geeigne-

tes Loch zu finden, aber ich war in der letzten Zeit beruflich sehr eingespannt. Eine ständige Freundin hatte ich schon seit langem nicht, und um ein neues Fötzchen ins Bett zu bekommen, hätte ich das Mädchen ausführen müssen, wozu mir leider die Zeit fehlte. Nicht daß ich irgendeine Schlampe nicht auch ohne solche Zeremonie auf den Rücken hätte legen können, aber ich bin ein Romantiker, ich mag es mit Stil.

Jetzt aber kümmerte ich mich um solche Förmlichkeiten nicht, weil mich Bella verrückt machte. Ihre seidigen Hände liebkosten meinen Steifen. Ich sage Hände, weil sie auch meinen Sack aus der Hose holte, und während ihre Hand meinen Schwanz streichelte, umfaßte ihre andere Hand sanft meine Eier. Und diese waren prall gefüllt und warteten darauf, ihre Füllung möglichst schnell abzugeben. So entledigte ich mich meiner Kleider in Sekundenschnelle, legte Bella auf die Liege, und während ich sie ständig küßte (ihre Zunge brachte mich in den Himmel), schob ich meinen vor Verlangen fast schon schmerzenden Pimmel in ihre feuchte Muschi.

Ich muß sagen, Bella hatte Routine. Sie fickte wie ein Engelchen, aber ich hatte auch noch nie zuvor eine so enge, weiche und beglückende Fotze genossen wie die ihre. Und da ich kein Anfänger auf diesem Gebiet mehr war, konnte ich, trotz der betäubenden Wirkung, die Bella auf mich ausübte, erkennen, daß sie sich nicht einfach nur ficken ließ, sondern daß sie mit Begeisterung mitfickte und daß sie es auch genoß. Ihre weichen Arme umklammerten meinen Hals, und

ihr Becken stieß mir entgegen. Es dauerte nicht lange, bis sie zu keuchen begann und sich dann laut stöhnend ergoß.

Ich wähle diesen Ausdruck gewollt, weil während des Orgasmus' deutlich zu spüren war, daß ihre Fotze plötzlich ganz heiß und sehr feucht wurde. Ich konnte mich auch nicht mehr länger zurückhalten, und als ich das Ziehen in meinen Eiern verspürte, ließ ich meinem Samen freien Lauf. Pulsierend durchlief mein heißer Saft meine Röhre, und ich habe fast die Besinnung verloren, während ich meine Lust in Bellas Fotze spritzte.

Nach Luft ringend lagen wir dann nebeneinander.

»Du hattest es ja wirklich dringend nötig«, hörte ich plötzlich Franks Stimme.

Ich blickte auf. Er stand bereits völlig entkleidet neben der Liege und streichelte seinen stehenden Schwanz mit einer Hand. Dann legte er sich auf Bella und begann, sie neben mir zu ficken.

Bella schien den Fick ebenso zu genießen wie vorhin den mit mir. Sie umklammerte Franks Hals und erwiderte seine Stöße mit Gegenstößen. Alsbald begann sie wieder zu keuchen, und dann warf sie sich in einem erneuten Orgasmus wild gegen den sie fickenden Mann. Frank beschleunigte seine Stöße, aber er war nicht so ausgehungert wie ich (er war ja nebenbei auch noch verheiratet), so hielt er sich zurück. Bella bekam in kürzester Zeit einen weiteren Orgasmus, erst dann sah ich, daß Frank seine Arschbacken zusammenpreßte und nur noch winzige Stöße machte.

‚Jetzt spritzt er', dachte ich.

Frank zog seinen erschlafften Schwanz aus Bellas Grotte und lag einige Minuten lang bewegungslos auf dem Rücken. Dann stand er auf und begann, sich anzukleiden.

»Wenn du willst, kann Bella noch hier bleiben, und ihr könnt noch ficken, aber dann mußt du sie nach Hause fahren. Ich muß aber jetzt dringend weg, ich habe etwas zu erledigen.«

Frank verabschiedete sich und ging, während Bella in ihrer paradiesischen Nacktheit liegen blieb. Ich setzte mich zu ihr und begann, ihren Körper zu streicheln.

»Willst du noch bleiben?« fragte ich sie.

»Wenn du es willst, dann ja«, antwortete sie.

Und ob ich es wollte! Mein Schwanz stand wieder, und meine streichelnden Hände schienen auch Bella zu erregen. Dieses Mädchen hatte echt Feuer im Arsch, wie man so zu sagen pflegt. Auch ihre Hand verirrte sich an meinen Schwanz. Sie neigte ihren Kopf zu mir und nahm meinen Schwanz in den Mund. Ich dachte, ich spritze sofort ab. Dieses Mädchen war im Blasen ebenso talentiert wie im Ficken. Meinen Schwanz hatten schon viele Mädchen gelutscht, aber keine so wie Bella. Ich mußte daran denken, wieviel Schwänze sie schon in ihrem Mund und in ihrem Loch gehabt haben mußte.

In diesem Moment war es mir aber gleichgültig. Ich war ja auch keine Jungfrau mehr, und vor allem wollte ich sie bumsen und zwar so schnell wie möglich,

bevor mein Schwanz wieder zu spritzen begann.

Bella sagte aber: »Ich muß mich waschen, meine Fotze hat eine Überschwemmung. Wo kann ich mich waschen?«

Sie sprach mit einer Trivialität wie eine Hure, die schon seit fünfzehn Jahren ihren Beruf ausübt. Aber Bella schien höchstens achtzehn Jahre alt zu sein (in Wirklichkeit war sie bereits zwanzig), und eine Hure war sie auch nicht. Sie verlangte kein Geld, und eine Hure, die sich so ihren Gefühlen hingibt, würde die ersten sechs Monaten ihrer Tätigkeit auf keinen Fall überstehen.

Ich bestieg sie also erneut. Mein Schwanz glitt leicht in ihre Möse. Sie war eng, aber glitschig und durch die eigene Geilheit geschmiert. Und sie fühlte sich wahnsinnig gut an. Ich kann mich nicht zurück-erinnern, daß mich je eine Fotze so beglückte, daß sich je eine Fotze so gut anfühlte wie die von Bella.

Diesmal ließ ich mir Zeit und fickte sie gemächlich, schob meinen Schwanz tief in ihre Grotte hinein und zog ihn dann wieder fast völlig heraus, um die Berüh-rung ihrer Fotze in der ganzen Länge zu genießen. Oh, wie selig mein Schwanz war! Es war der Himmel auf Erden!

Aber Bella genoß die Sache genauso wie ich. Sie stieß mir entgegen, umarmte meinen Hals mit beiden Armen und küßte meinen Mund, mein Gesicht und meine Ohren mit ihren Lippen und ihrer feuchten Zunge. Ihre Beine hatte sie ganz nach oben gezogen, um meinen Steifen tiefer in ihre Vagina zu bekom-

men, und sie keuchte und schnaubte unüberhörbar. Es dauerte nicht lange, bis sie einen erneuten Orgasmus bekam, und es wiederholte sich mehrere Male hintereinander. So eine Fickmaschine habe ich noch nie erlebt. Sie schien das Ficken unendlich zu genießen, und es schien ihr auch egal zu sein, wessen Pimmel sich in ihrer Vagina bewegte, Hauptsache war nur, daß einer tief drin steckte und daß er sich bewegte.

Als ich endlich abspritzte, hatte Bella sieben oder acht Höhepunkte hinter sich. Und sie schien nicht erschöpft zu sein; wenn sie schwer atmete, dann nur wegen der Anstrengung, die sie an den Tag legte.

Ich brachte ihr etwas zu trinken und beobachtete ihren Körper. Ich glaube, ein Bildhauer hätte nichts Schöneres schaffen können. Sehr schöne Frauen tendieren oft zur Frigidität; sie ,geben sich hin', ohne sich wirklich ,hinzugeben'. Nicht so Bella. Sie schien nur deshalb auf der Welt zu sein, um gefickt zu werden.

Ich küßte ihre Lippen, dann rutschte ich tiefer und bedeckte ihre Titten, diese so strammen, elastischen und doch sich weich anfühlenden Hügel mit feuchten Küssen. Dann verwöhnte ich mit der glitschigen Behandlung ihrem Bauch. Bella schien diese Behandlung sehr zu genießen. Ihre Hand rutschte nach unten zu ihrer Muschi, und das geile Stück begann tatsächlich, ihren Kitzler zu reiben. Das Wort ,Scham' schien sie nicht zu kennen; sie war ein Weib, das für das Ficken geschaffen zu sein schien, und sie gab sich dem Genuß mit einer erstaunlicher Natürlichkeit, ja, mit einer absoluten Selbstverständlichkeit hin. Hemmun-

gen hatte sie garantiert keine.

Und ihre Geilheit sprang auch auf mich über, denn meine Schwanz schwoll wieder an und stand plötzlich prall und rot vor Verlangen senkrecht von meinem Körper ab. Ich drückte meine Lippen auf ihre Muschi und begann, sie zu lecken. Ich leckte meinen eigenen Saft von ihren Schamlippen und von ihrem Kitzler ab. Bellas Körper tobte unter meiner Liebkosungen. Zitternd drückte sie ihren Unterleib gegen meinen Mund. Ihr Stöhnen und Jauchzen war wahrscheinlich bis auf die Straße zu hören. Und wie man beim Ficken deutlich spüren konnte, wenn sie einen Höhepunkt erreichte, konnte ich es auch mit meinem Mund. Ihre Schamlippen wurden plötzlich sehr warm und sie übergoß meinen Mund mit einer erregend riechenden Flüssigkeit, die mein ganzes Gesicht benetzte.

Es war nicht möglich, neben diesem Weib zu liegen und nicht geil zu werden.

»Wann mußt du zu Hause sein?« fragte ich.

»Ich muß nicht«, sagte Bella. »Ich lebe alleine.«

»Dann kannst du die ganze Nacht bei mir bleiben?«

Bella nickte nur und lächelte mich an. Dann drehte sie sich auf den Bauch. Ich warf mich sofort auf ihre Hinterbacken und bedeckte sie mit tausend Küssen. Meine Hände streichelten dabei diese erregenden Wölbungen, und meine Zunge zeichnete die Spalte zwischen ihren beiden Arschbacken nach. Sie roch nach süßem Frauenfleisch. Ich drückte meine Zunge in ihre Arschspalte, dann stieß ich sie tiefer zwischen ihre Schenkel, die sich langsam öffneten, bis meine

16

Zunge ihre Muschi erreichte. Sie hob ihren Arsch etwas an, und ich drang von hinten in sie ein. Ihre Fotze umschloß meinen Pimmel und saugte ihn, wie ein gieriger Mund, förmlich in sich hinein. Wir fickten wild, und ich fühlte mich glücklich wie noch nie. Dann kam es mir. Es kam mir unendlich lang vor, ich weiß nicht, wieviel Ströme meinen Schwanz durchliefen, um mit wilder Kraft in die gierige Fotze dieses Weibes zu spritzen.

»Mr. Marshall, ich sehe nicht, worin Ihr Problem liegt. Sie erzählen mir eine Geschichte, die jeden Mann auf dieser Welt glücklich machen würde. Gehe ich recht in der Annahme, daß erst spätere Geschehnisse Ihre Probleme ausgelöst haben?«

»Ja, Sie haben recht, Mrs. Blake. Bella hat mich sehr glücklich gemacht. Und ich kann nicht sagen, daß dieses Glück irgendwann zu Ende gegangen wäre. Nur der Preis, mit dem ich dieses Glück erkauft habe und auch heute noch erkaufe, vielleicht ist dieser Preis mein Problem. Aber ich kann es Ihnen nicht so kurz erklären. Um meine Sorgen zu verstehen, muß ich Ihnen die ganze Geschichte erzählen.«

»Na, dann machen Sie weiter, Mr. Marshall. Oder darf ich zu Ihnen auch Micky sagen? Ich höre Ihnen zu. Ihre Geschichte beginnt, mich echt zu interessieren, um nicht zu sagen zu reizen.«

II

Ich hatte keine Lebensmittel zu Hause, deshalb
schlug ich Bella vor, mit ihr irgendwohin zum Essen
zu gehen. Sie stimmte gerne zu, und so zogen wir uns
an. Bevor wir aus dem Haus gingen, umarmte ich sie
und küßte sie auf dem Mund. Sie erwiderte meinen
Kuß, ihre Zunge stieß tief in meinen Mund.

»Ich mag dich sehr«, sagte ich.

Und sie antwortetet mir: »Ich mag dich auch.«

Wie ein verliebtes Paar gingen wir auf die Straße
und schlenderten Arm in Arm zu einem kleinen Restaurant in der Nähe meiner Wohnung. Ich weiß nicht
mehr, was wir aßen, ich weiß nur, daß wir sehr fröhlich
waren und daß Bella ihre Knie unter dem Tisch ständig fest an mein Bein preßte. Dann zog sie ihren Fuß
aus dem Schuh und streichelte mein Bein mit ihren
Zehen. Ich fühlte meinen Schwanz in der Hose an-
schwellen.

Auf dem Nachhauseweg blieben wir an jeder Ecke
stehen, um uns wild zu küssen. Und als wir in meinem
Zimmer ankamen, riß sich Bella förmlich die Kleider
vom Leib, warf sich breitbeinig auf mein Bett und
schrie: »Fick mich! Fick mich bitte sofort!«

Und ich tat, was sie wollte und was auch ich wollte.
Dann schliefen wir ineinandergekeilt wie zwei nackte
Schnecken ein.

Es war schon Vormittag, als wir aufwachten. Bella machte keine Anstalten zum Weggehen, und ich freute mich darüber. Mir gefiel dieses Mädchen von Stunde zu Stunde immer mehr. ‚Das ist eine Katze‘, dachte ich, ‚an die ich mich gewöhnen könnte.‘

»Arbeitest du nicht?« fragte ich sie.

»Doch, aber heute ist Dienstag und ich habe frei.«

»Wo arbeitest du?« fragte ich weiter.

»In einer Kneipe«, kam die Antwort. »Ich bin Bedienung und helfe auch an der Theke aus.«

»Ist das ein angenehmer Arbeitsplatz?« bohrte ich weiter.

»Man kann sich nicht immer aussuchen, wo man arbeiten muß. Aber es ist nicht so schlimm. Ich verdiene zwar nicht viel, aber bekomme reichlich Trinkgeld«, sagte sie und lächelte dabei schelmisch.

»Ich denke schon«, fügte ich hinzu, »daß du mit deinen weiblichen Reizen die Gäste zum Spendieren animierst. Fassen sie dich auch mal an?«

»Sie versuchen es ab und zu, aber ich lasse mich nicht von jedem anfassen.«

»Nur von wem?« fragte ich weiter, und ich hatte das Gefühl, daß in meiner Stimme auch etwas Eifersucht klang.

»Na, wenn der Mann hübsch und angenehm ist, dann erlaube ich ihm schon einiges«, sagte Bella.

»Was zum Beispiel?« wollte ich weiter wissen.

»Nun, ich bücke mich so, daß er meine Titten erblicken kann. Davon kriegen die meisten einen Ständer, das sieht man an ihren Hosen. Und wenn er ganz

nett ist, lasse ich auch zu, daß er unter meinen Rock greift und mir den Arsch tätschelt. Und wenn er will, lasse ich ihn auch mal einen Geldschein in mein Höschen stecken, aber nur, wenn der Wirt es nicht sieht. Er mag das nämlich nicht. Es ist eine anständige Kneipe, sagt er, aber ich weiß, auch er möchte gern seinen Schwanz bei mir reinstecken. Aber das mache ich nicht am Arbeitsplatz.«

Mich nahm die Sache so langsam gefangen.

»Und wenn dir so ein Kerl einen Geldschein in das Höschen steckt, kann er dich auch anfassen?«

»Nicht direkt«, sagte Bella. »Ja, er berührt dabei meine Muschi mit seinen Fingern, davon wird er dann ganz geil, aber sie anzufassen lasse ich in der Kneipe nicht zu.«

»Du lebst also absolut keusch«, versuchte ich sarkastisch zu werden, aber irgend etwas schnürte meine Kehle zusammen.

»Nein, keusch lebe ich nicht«, erwiderte Bella. »Ich brauche auch einen guten Fick. Und wenn der Kerl mir gefällt, dann darf er auch mal auf meine Bude. Jede Frau braucht mal einen Harten in der Möse.«

»Und wieviel soll er dir dann in das Höschen stecken, damit er dich ficken darf?« fragte ich jetzt voller Eifersucht.

Bella schaute mich mit vorwurfsvollen Augen und sehr ernst an.

»Ich bin keine Hure. Für Geld habe ich noch nie gefickt. Wenn mir der Kerl gefällt und ich selbst auf ihn geil bin, dann darf er mich pimpern, aber wenn er mir

Geld anbieten würde, würde ich ihn sofort raus-schmeißen.«

Das hat mich etwas erleichtert. Sie ist doch keine Dirne. Sie ist eine Frau, die einen gesunden sexuellen Appetit hat, aber sie verkauft sich nicht. Wenn sie mit jemandem ins Bett steigt, dann aus Lust und nicht aus Berechnung.

»Wann hast du zum ersten Mal mit einem Mann ge-schlafen?« fragte ich sie dann.

»Was dich so alles interessiert!« Bella schaute mich an. »Ich war vierzehn.«

»Und mit wievielen hast du schon geschlafen?« fragte ich dann.

Aber Bella wich mir aus: »Ich habe jetzt Hunger. Ich möchte etwas essen.«

Da ich nur eine Rolle Kekse zu Hause hatte, mach-te ich schnell einen Kaffee, dann zogen wir uns an und gingen einkaufen. Mir fiel auf, daß Bella kein Höschen anzog, ja, sie hatte auch keines mit.

»Trägst du nie ein Höschen?« fragte ich sie.

»Nur, wenn ich arbeiten gehe. Da muß ich mich oft bücken, und ich will nicht, daß jeder in meine Fotze guckt. Sonst mag ich es unten frei und luftig.«

Mir fiel erneut auf, daß sie oft ‚gemeine' Worte wie ‚Ficken', ‚Schwanz', ‚Fotze' benutzt, aber aus ihrem Mund klangen sie irgendwie nicht obszön, nein, sie waren sozusagen ein Beweis ihrer Offenheit und Na-türlichkeit. Es ist wirklich so: Nicht die Worte und Taten sind böse, sondern wie wir darüber denken.

Nach dem Einkauf wieder zu Hause angekommen,

nahmen wir ein reichliches Frühstück zu uns.

Dann fragte Bella: »Arbeitest du nicht?«

»Doch«, sagte ich, »aber im Moment habe ich Urlaub. Ich wollte eigentlich verreisen, und wenn du Lust hast mitzukommen…«

»Geht leider nicht«, fiel mir Bella ins Wort, »ich muß arbeiten.«

»Dann fahre ich auch nicht«, sagte ich. »Oder würde ich dir gar nicht fehlen?«

»Ein bißchen schon«, sagte Bella, »aber wenn du willst, fahr ruhig. Irgendwann bist du ja wieder zurück, und dann können wir uns noch einmal sehen. Wenn du willst«, fügte sie noch hinzu.

»Nein, ich fahre nicht«, sagte ich, »ich will dich jetzt sehen.«

Bella schaute mich mit einem seltsamen Blick an, aber sie sagte nichts. Statt dessen begann sie, ein Mittagessen vorzubereiten.

»Kannst du auch kochen?« wunderte ich mich.

»Ja, das kann ich. Ob es dir schmeckt, das ist eine andere Sache.«

Mir gefiel, wie sie zwischen dem Küchentisch und dem Herd herumwirbelte. ‚Eine solche Hausfrau würde in meine Wohnung passen‘, dachte ich, ‚wenn sie nur nicht diese Vergangenheit hätte!‘

Als sie sich nach vorne bückte, um etwas auf dem Tisch zu richten, griff ich ihr an den Hintern. Sie erstarrte. Zuerst dachte ich, sie sei beleidigt, aber dann merkte ich, daß sie einfach geil war und die Berührung genoß. So griff ich ihr unter den Rock und faßte

an ihre Fotze. Sie war naß. Aber sie wand sich unter meiner Hand weg und sagte: »Laß mich jetzt, sonst werde ich mit dem Essen nie fertig.«

Ich ließ von ihr ab.

Wir aßen zu Mittag. Ich sage nicht, daß es das beste war, was ich je gegessen habe, aber es hat geschmeckt. ,Kochen kann sie also auch', dachte ich.

Nach dem Essen legten wir uns, angekleidet, wie wir waren, für ein Viertelstündchen hin. Sie lag auf dem Rücken, ich konnte im Ausschnitt des Kleides den Ansatz ihrer Brüste sehen. Ich holte eine Brust heraus, streichelte und küßte sie. Bella erfaßte meinen Kopf und drückte ihn gegen ihre Brust. Meine Hand verirrte sich nach unten, schlüpfte unter ihr Kleid, und mein Handteller lag auf ihrem Bauch. Leicht streichelte ich über ihren Bauch, sie schien es zu genießen.

Dann glitt meine Hand nach unten, ruhte sich auf ihrem leicht behaarten Venushügel etwas aus, dann wanderte sie weiter nach unten und umfaßte ihre Fotze. Bella machte unwillkürlich kleine Beckenbewegungen.

»Du bist sehr sinnlich«, sagte ich.

»Ja«, antwortete sie, »ich bin sehr leicht zu erregen. Ich bin im Grunde einfach immer geil. Aber das habe ich von meinen Eltern. Sie waren auch immer geil.«

»Ah, das ist schön«, sagte ich und steckte einen Finger in ihre Möse. Bella stöhnte auf. »Wie viele Männer haben schon diese Muschi genossen? Wie viele Schwänze hast du schon darin gehabt?«

»Ich habe sie nie gezählt«, antwortete Bella.

»Waren es zwanzig?« bohrte ich.

»Bestimmt mehr«, sagte Bella.

»Waren es fünfzig?« fragte ich dann.

Und Bella antwortete wieder mit: »Bestimmt mehr.«

»Hast du schon hundert Schwänze hier drin gehabt?« fragte ich ungläubig.

»Ich weiß nicht genau«, sagte Bella, »aber es waren viele. Ich lebe nur einmal, und ich brauche immer Befriedigung. Ich will nicht sterben und immer nur entbehrt haben. Was habe ich sonst schon von meinem Leben?«

»Und war keiner darunter, der dich behalten und mit dir zusammenleben wollte?« fragte ich.

»Mit mir zusammenleben? Eine wie mich will keiner für immer. Alle haben mich nur ficken wollen. Keiner hat mich geliebt, nur gefickt haben sie mich.«

»Und du? Hast du je jemanden geliebt?«

»Einmal glaubte ich, daß ich einen Jungen liebe. Aber auch er wollte mich nur ein paarmal ficken und mich dann wieder los sein. Und ich habe ihn sehr schnell vergessen. Wahrscheinlich habe ich ihn auch nicht richtig geliebt.« In ihrer Stimme klang keine Traurigkeit. Sie erzählte die Sache so, als ob sie über das Wetter berichtete. Nach einer kleinen Pause fuhr sie fort: »Außerdem, was hat das mit der Liebe zu tun? Es ist nur der Trieb, nur die Geilheit. Es ist schön, einen Pimmel drin zu haben, es ist schön, gefickt zu werden. Was anderes erwarte ich auch nicht.«

Ich spielte mit ihrem Kitzler.

»Erzähl mal, wie war es mit den Jungs. Ich möchte alles über dich wissen.«

»Was soll ich dir erzählen?«

»Nun, wie du mit dem Ficken angefangen hast. Hast du dich vorher selbst befriedigt? Hast du mit deinem Fötzchen gespielt? Und die Jungs haben an dir herumgespielt? Wie war dein erster Fick? Und wie ging es dann weiter?«

Ich spürte in meinem Inneren ein gewisses Stechen. Mich quälte der Gedanke, daß dieser schöne Körper schon von so vielen Männern ‚mißbraucht' worden war, aber gleichzeitig hat mich der Gedanke erregt. Mein Pimmel war in der Hose steif geworden, und ich spürte, daß aus seiner Spitze etwas Flüssigkeit sickerte, die meine Unterhose benetzte. Und während ich an Bellas Schamlippen spielte, begann sie zu erzählen:

III

»Wir waren sehr arm. Mein Vater ist heute noch sehr arm, meine Mutter lebt nicht mehr. Sie liebten sich sehr und waren ebenso geil wie ich. Sie vögelten fast jeden Tag, manchmal auch mehrmals.

Wir hatten nur ein Zimmer. Das war die Küche und das Schlafzimmer zugleich. Ich fühlte mich dort wohl, weil ich nichts anderes kannte. Mein Vater ging Gelegenheitsarbeiten nach, davon lebten wir mehr schlecht als recht. Richtige Kleider hatte ich nie, meist lief ich in einem Hemd herum, darunter hatte ich nichts an. Aber meine Mutter trug auch keine Unterwäsche, das sah ich einmal, als sie pinkelte.

Im Zimmer hatten wir zwei Betten, einen alten Schrank mit mit unseren wenigen Habseligkeiten, einen Herd, einen Tisch und nur zwei Stühle. Meine Eltern schliefen in dem einem Bett, ich in dem anderen. Wenn sie vögelten, kriegte ich alles mit. Sie versuchten es gar nicht zu verheimlichen. Für mich war das deshalb etwas ganz Natürliches. Manchmal, wenn der Mond hell schien, sah ich, wie sie fickten. Ich sah, wie Mutter an Vaters Schwanz lutschte, wie er ihre Fotze leckte, wie er sich auf sie legte und ihr seinen Schwanz reinsteckte. Und sie waren dabei auch ziemlich laut. Besonders Mutter. Sie schrie oft: ‚Oh, wie schön du mich fickst! Fick fester!‘ Aber auch Vater

sagte mal: ‚Ich liebe deine Fotze!'

Wir hatten nur ein Plumpsklo hinten im Hof. Nachts, besonders im Winter, gingen wir nicht dorthin zum Pinkeln. Wir hatten einen Eimer im Zimmer, in diesen haben wir gepißt und erst am Morgen zum Klo getragen. Und man hat dabei alles sehen können, weil keiner etwas verdecken wollte, und es wäre auch nicht möglich gewesen. Vater holte seinen Schwanz einfach raus und pißte im Stehen in den Eimer. Dann schüttelte er ihn aus und zog daran, bevor er ihn wieder in die Hose steckte. Und Mutter hob nur ihr Kleid, so daß ihre große, behaarte Fotze sichtbar wurde, und pißte so im Hocken in den Eimer. Ich sah deutlich, wie zwischen ihren Schamlippen die Pisse herauskam. Vater sagte immer: ‚Das Kind muß alles lernen, wie es im Leben ist.' Und wenn er geil wurde, drückte er Mutter mit dem Gesicht auf das Bett, hob ihren Rock hinten hoch, so daß ihr großer, weißer Arsch sichtbar wurde, dann holte er seinen Riemen heraus, steckte ihn bei Mutter rein und fickte sie von hinten. Die Petroleumlampe brannte noch, so daß ich alles genau sehen konnte.

Manchmal, wenn Mutter ihre Tage hatte und Vater sie sehr bedrängte, holte sie ihm einen runter oder sie blies seinen Pint. Da sah ich dann, wie es aus seinem Schwanz herausspritzte. Beide lachten dann darüber.

Einmal war Vater für einige Monate eingesperrt. Da sah ich nachts, wie Mutter die Beine breit machte und mit der Hand zwischen ihren Beinen fummelte. Ich habe sie gefragt, was sie da macht, da hat sie mir er-

klärt, daß sie geil und kein Mann im Hause ist. So
muß sie es sich selbst besorgen. Ich habe sie gefragt,
wie sie das macht. Da hat sie mir gezeigt, wie sie ihren
Kitzler reibt und mit einem Finger in ihre Vagina
stößt. Später nahm sie eine Kerze und damit fickte sie
sich. Sie sagte, es ist nicht so gut wie ein Männer-
schwanz, aber besser als nichts, und danach kann sie
besser schlafen.

Ich habe es später auch einmal ausprobiert, und
ich fand es sehr angenehm, so daß ich danach regel-
mäßig masturbierte. Mutter sah das, aber sie hatte
nichts dagegen.

Dann kam es auch vor, wenn Vater mal wieder im
Kittchen saß, daß der dicke Lebensmittelhändler zu
uns kam und an Mutter herumfummelte. Er sagte,
Mutter soll mich rausschicken, aber sie sagte: ‚Ach
was, sie kennt das und sie sagt auch nichts.‘ Und dann
haben sie gefickt, am hellichten Tage vor meinen Augen, und dann hatten wir plötzlich viele Lebensmittel
im Haus. Der Dicke kam dann öfter zu uns, und dann
fickten sie immer.

Einmal passierte es sogar, als Vater zu Hause war.
Es war wieder einmal kein Geld im Hause, da kam der
Dicke zu uns, und Vater ging spazieren, während er
mit Mutter fickte.«

»Sag mal«, fragte ich, »hat deine Mutter auch für
Geld gebumst?«

»Das weiß ich nicht«, antwortete Bella, »aber ich
glaube nicht. So für Lebensmittel, ja, aber nicht für
Geld. Sie war doch keine Hure.«

Durch Bellas Erzählung wurde ich so geil, daß ich es nicht mehr aushielt. Ich mußte sie einfach ficken, und sie hatte auch nichts dagegen. Ich genoß den Fick mit ihr außerordentlich, ich war sehr erregt. Aber sie auch, und während wir vögelten, sagte sie immer: »Oh, Micky, du fickst so guuut! Du fickst so guuut!«

Ich habe eine Menge gespritzt, aber meine Neugierde war noch nicht nicht gestillt.

»Wie war es denn mit Frank?« fragte ich Bella. »Magst du ihn?«

Bella war ganz offen und ehrlich: »Ja, ich mag ihn. Er ist sehr nett. Und er fickt sehr gut.«

»Sag mal, dreht sich bei dir alles nur ums Vögeln? Beurteilst du Leute danach, wie gut sie vögeln?«

»Warum? Du vielleicht nicht? Wonach sonst kann ich Männer beurteilen? Sie machen mit mir nichts anderes als vögeln. Ich bin eine Schlampe, ein Straßenköter, und keine Prinzessin, der man den Hof macht. Man fickt mich durch, und dann kann ich gehen. Und ich erwarte auch nichts anderes. Wenn ich geil bin, brauche ich einen Harten zwischen die Beine, und danach kann der Kerl auch gehen. Länger als drei Tage war ich noch mit keinem Kerl zusammen.«

»Na, und Frank? Den kennst du auch schon seit einer Woche!«

»Ja, aber wir waren nicht zusammen. Er fickte mich nur schnell und dann ging er. Soll er mich vielleicht heiraten? Eine wie mich heiratet man nicht.«

In ihrer Stimme klang keine Klage und keine Traurigkeit. Sie war ein Naturmensch, der nur auf seine

Triebe hörte und die Welt so zur Kenntnis nahm, wie die Welt eben ist. Zumindest ihre kleine Welt.

Ich nahm sie in die Arme, küßte sie und sagte: »Für mich bist du keine Schlampe. Ich mag dich sehr.«

Sie schaute mich mit großen Augen an und sagte dann: »Ich mag dich auch. Du bist sehr nett. Und du fickst sehr gut.«

Da hatten wir den Salat. Wieder einmal war die Leistung meines Schwanzes der Gradmesser.

Diese Bella konnte sich glücklich schätzen, daß sie ein sehr einfacher Naturmensch war. Wahrscheinlich haben die ärmlichen Verhältnisse, in denen sie aufwuchs (und sie kannte anscheinend auch keine anderen) sie zu einem Fatalisten gemacht, zu einem Wesen, das die Dinge so zur Kenntnis nimmt und auch akzeptiert, wie sie sind, ohne daran zu zerbrechen. Andere wären vielleicht an wesentlich weniger kargen Lebensbedingungen zerbrochen oder freiwillig in den Tod gegangen. Sie überlebte sie nicht nur, sie holte sich dabei soviel Freude für sich, wie es ihr nur möglich war.

Es war mir sofort klar, daß sie auf Micky großen Einfluß ausübte und ihn außerordentlich beeindruckte. Ich wußte aber in diesem Stadium noch nicht, ob er ihre Abstammung – die in fast unendlicher Weite von der seinen lag – trotz ihres sonnigen Wesens akzeptieren konnte und ihre den allgemeinen Sitten absolut widersprechende, aber sehr menschliche Einstellung zu allen Dingen ihn nicht abgestoßen hat.

Oder war eben dieses für ihn fast exotische Milieu das, was ihn faszinierte? Auf jeden Fall schien seiner Libido all dies nicht geschadet zu haben. Mal sehen, wann der Knick kommt, der ihn in meine Praxis trieb.

IV

Ich glaube, Bella hat eine viel größere Wirkung auf mich ausgeübt, als ich es wahrnehmen wollte. Eine Art Eifersucht stieg in mir auf, eine Art Besitz-Ergreifen-Wollen, als ob Bella mir gehörte.

»Hat dich Frank auch gut gefickt?« fragte ich sie.

Und sie antwortete offen: »Ja, er fickt sehr gut.«

In mir tobte ein kleiner Teufel: »Würdest du mit ihm wieder ficken, wenn er käme?«

Und Bellas Antwort saß wie ein Nadelstich: »Ja, warum nicht? Er fickt gut.«

»Ist sein Schwanz besser als meiner?« fragte ich sie.

»Besser?« Bella dachte nach. »Nicht besser. Anders. Jeder Schwanz fühlt sich anders an.«

»Aber dir schmeckt jeder Schwanz«, sagte ich, und es war eher eine Behauptung als eine Frage.

»Ja«, antwortete Bella, »es ist ein schönes Gefühl, wenn ein Pimmel bei mir drin ist.«

Meine Stimmung sank auf den Nullpunkt. Auch als Bella erneut mit meinem Schwanz zu spielen begann, besserte sich meine Laune nicht. Erst als sie ihn in den Mund nahm und ihn sehr routiniert zu blasen begann, übermannte mich die Geilheit. Ich legte sie auf den Rücken, schob ihre Beine auseinander und steckte ihr meinen Harten hinein.

»Ah, du fickst so guuut«, gurrte Bella, und bald er-

widerte sie meine Stöße heftig.

Als es mir kam, umklammerte sie mein Becken mit ihren Beinen und preßte mich so tief in sich hinein, wie es nur möglich war. Ich drückte meinen Mund auf den ihren, und während mein Samen ihre Scheide füllte, floß ihr Speichel in meinen Mund und machte mich vor Lust halb wahnsinnig.

»Bleibst du heute nacht bei mir?« fragte ich Bella.

»Wenn du willst, daß ich bleibe«, antwortete sie.

Sie machte es also von meiner Laune abhängig, als ob sie keinen eigenen Willen hätte.

So fragte ich sie: »Willst du bleiben oder nicht?«

Und sie antwortete: »Ich möchte schon. Aber wenn du mich nicht mehr bei dir haben willst, dann muß ich ja gehen.«

»Ich will aber, daß du bleibst.«

In Bellas Gesicht schien sich ein glückliches Lächeln zu verbreiten.

»Dann bleibe ich«, sagte sie und küßte mich. »Ich bin gerne mit dir zusammen.«

Da ich meine Urlaubskasse noch nicht angetastet hatte, gingen wir wieder essen. Nach einem sehr guten Abendessen in einem kleinen Restaurant kehrten wir nach Hause zurück und gingen sofort ins Bett. Wir waren beide nackt, aber ich hatte keine Lust zum Liebesspiel. Einmal gehen auch meine Kräfte zu Ende, auch wenn ich ziemlich viel vertrage.

Bella kauerte sich zusammen wie eine kleine Katze. Ich umarmte sie von hinten, und sie kuschelte sich

an mich. Mein Schwanz berührte ihren nackten Hintern, und von dieser Berührung schwoll er auch etwas an, aber er stand nicht. Ich genoß dieses Gefühl, den harten und doch so weichen, warmen Mädchenpopo mit meinem Schwanz zu spüren, ohne gleich eine Erektion zu bekommen. So schliefen wir dann ein.

Irgendwann in der Nacht – es war stockdunkel – wachte ich auf. Mein Schwanz stand und war zwischen Bellas Schenkel eingeklemmt. Bella war in einen tiefen Schlaf versunken; ihr Atem ging langsam und gleichmäßig, ab und zu schnarchte sie auch ein bißchen, aber nur ganz leise.

Der warme Mädchenkörper in meinen Armen war ganz an meinen Bauch gedrückt und machte mich unheimlich geil. Aber ich wollte Bellas Traum nicht stören. Deshalb hob ich ganz langsam und behutsam ihr oben liegendes Bein mit meinen Händen etwas an, damit ich zu ihrer Spalte Zugang bekomme. Wie ich mit einer Hand ertasten konnte, war ihre Fotze ganz feucht.

Ich befeuchtete die Spitze meines Pimmels mit Speichel und schob sie vorsichtig zwischen ihre Schamlippen. Leicht glitt meine Eichel in ihren warmen Liebestunnel, und ich erschauerte vor Lust, als sich ihre weichen, nassen und warmen Schamlippen um meine Schwanzspitze schlossen. Die Berührung ihrer Fotze war beglückend.

Langsam arbeitete ich mich mit winzigen Stößen immer tiefer in ihre Scheide hinein, und jeder gewonnene Zentimeter schickte immer neue Schauer der

Lust in mein Rückgrat. Als sich mein Pimmel bis zum Anschlag in ihrem Loch befand, hielt ich inne und genoß die Berührung ihrer Fotze, ohne mich in ihr zu bewegen. Bella schlief immer noch tief, aber sie träumte sicherlich etwas Schönes, denn sie machte ein, zwei kleine Bewegungen mit ihrem Arsch.

Als ich die Spannung nicht mehr aushielt, begann ich, sie ganz langsam und sanft zu ficken. Ich zog meinen Schwanz nur etwa einen Zentimeter aus ihr heraus, um ihn wieder langsam hineinzuschieben. Das wiederholte ich immer wieder; auf diese Weise wollte ich das Ficken mit ihr sehr lange genießen, ohne abzuspritzen.

Bella schlief immer noch, was mir ihr Atem verriet, aber sie träumte mit Sicherheit, daß sie gefickt wird, denn sie begann im Schlaf, ihren Arsch zu bewegen. Sie fickte im Schlaf mit.

Das konnte ich nicht mehr lange aushalten, und ich verstärkte meine Stöße. Bella wurde dadurch offensichtlich aufgeweckt, denn sie setzte den Fick, den sie im Schlaf begann, jetzt bewußt fort. Das merkte ich daran, daß sie laut zu stöhnen begann. Ihre Hand glitt gleichzeitig nach hinten und drückte meinen Oberschenkel fest. Dann steckte sie ihre Hand zwischen ihren Arsch und meine Schenkel, und umfaßte sanft meine Eier. Ich stöhnte vor Lust laut auf.

Ich fickte sie von hinten, und sie erwiderte meine Bewegungen, indem sie ihren Arsch im Tempo meiner Fickbewegungen gegen mich drückte, damit mein Schwanz ganz tief in sie eindringen konnte. Ich war in

Ekstase und konnte nicht anders, ich schrie laut auf: »Ah, Bella, du fickst so gut!« und merkte dabei nicht, daß ich mit Bellas Worten gesprochen hatte.

Auch Bella genoß die Sache außerordentlich, denn sie stammelte Wörter wie: »Gib's mir! Gib's mir! Fick mich! Gib mir deinen Pimmel!« Und dann: »Ich halte es nicht aus, mir kommt's!«

Und ich spürte, wie ihre heiße Flüssigkeit meinen Schwanz umhüllte.

Ich hielt etwas inne, um bei ihr den Orgasmus ausklingen zu lassen, und fickte erst weiter, als sie mir mit ihren Arschbewegungen zu verstehen gab, daß sie weiterficken wollte. Auf diese Weise kam sie vier- oder fünfmal zum Orgasmus, bis ich meinen Samen nicht mehr zurückhalten konnte und ihn laut schreiend in ihre Fotze spritzte. Mein Kolben schien mit dem Spritzen nicht aufhören zu wollen, meine Geilheit löste immer neue Spritzer aus, bis die Quelle in meinen Eiern verebbte.

Bella drehte sich zu mir, umarmte mich und schob ihre Zunge in meinen Mund.

Dann sagte sie: »Ich mag dich sehr«, womit sie mich sehr glücklich machte.

Mir scheint, der Vogel ist gefangen. Micky beginnt, sich in die kleine Schlampe zu verlieben, ohne daß es ihm bewußt wird. Und Bella, die in ihrem Leben die Männer lediglich auf den Penis zu reduzieren pflegte, schien Micky gegenüber gewisse Gefühle zu entwikkeln. Ob dies nun durch Mickys wirklich nette Art be-

wirkt wurde oder die Tatsache, daß sie – vielleicht zum ersten Mal in ihrem Leben – als Mensch und nicht als Matratze behandelt wurde, ist schwer zu sagen. Vielleicht finde ich darauf eine Antwort, wenn ich dem Patienten zuhöre und die weitere Entwicklung der Affäre erfahre.

V

Es war schon heller Tag, als wir aufwachten. Bella
schien fröhlich, ja glücklich zu sein. Sie machte uns
ein Mittagessen, und während sie sich über den Küchentisch bückte, konnte ich nicht widerstehen: Ich
hob ihren Rock hinten hoch und drückte einen Kuß
auf ihren wohlgeformten Arsch. Das schien Bella zu
erregen, denn sie verharrte ohne eine Bewegung, nur
ihren Arsch reckte sie mir noch mehr entgegen. Ich
holte meinen Schwanz, der jetzt hart und steif stand,
aus der Hose heraus und bohrte ihn ihr von hinten
rein. Ich fickte sie so von hinten, und Bella schien es
genauso zu genießen wie ich.

Nach dem Essen wurde sie plötzlich ernst.

»Jetzt muß ich gehen«, sagte sie, »ich muß erst
nach Hause, um mich umzuziehen, und dann muß ich
arbeiten.«

In ihrem Gesicht zeigte sich ein leichter Ausdruck
von Traurigkeit, aber sie war ein Naturkind und gewohnt, die Sachen so hinzunehmen, wie sie nun mal
waren. Bevor sie ging, umarmte und küßte sie mich
leidenschaftlich und sagte dann: »Ich muß jetzt gehen. Es war sehr schön mit dir!«

Das Wort ‚war' traf mich wie ein Schlag. Ich verge-
genwärtigte mir, daß jetzt etwas sehr Schönes zu Ende
ging, und ich bedauerte es sehr. Ich schloß sie in mei-

ne Arme und drückte sie fest an mich.

»Es war wirklich sehr schön mit dir, Bella«, sagte ich. »Ich danke dir!«

Bella schaute mich dankbar an. Sie war anscheinend nicht gewohnt, daß man sich bei ihr bedankte. Man benutzte sie bisher nur. Sie küßte mich erneut, dann riß sie sich aus meinen Armen und ging schnell hinaus, ohne zurückzublicken.

Ich blieb alleine. Es war nicht schön. So sehr ich das Alleinsein früher genießen konnte, so sehr fehlte mir nun Bellas Anwesenheit, ihre Fröhlichkeit, ihr Anblick. Ich fühlte mich plötzlich sehr einsam und entschloß mich, um Bella vergessen zu können, umgehend ein anderes Mädchen aufzureißen. Irgendein Mädchen, das erste, das mir über den Weg läuft, nur um die Nacht nicht alleine verbringen zu müssen.

Ich besuchte einige Cafés und Kneipen. Ich sah auch einige Frauen, mit denen ich mit Leichtigkeit hätte anbandeln können. Sie waren auch nicht häßlich, aber auch die Schönsten schienen mir – so nach den Erlebnissen mit Bella – nicht attraktiv genug zu sein. Es wurde Abend, sehr spät und ich stand, vollgepumpt mit Kaffee und Alkohol, immer noch ohne eine Gefährtin da. Schließlich ging ich, mehr instinktiv als bewußt, zu der Kneipe, in der Bella arbeitete.

Ich stand vor der Eingangstür. Es schien Sperrstunde zu sein, denn die Stimme der Wirts drang auch nach außen, als er die Gäste zum Verlassen der Wirtschaft aufforderte.

Vor der Kneipe stand eine Straßenlaterne, unter der

sich einige Gestalten aufhielten. Ich zog mich in den Schatten zurück.

Es dauerte nicht sehr lange, bis ich Bella aus der Kneipe herauskommen sah. Eine der Gestalten, die unter der Laterne standen, war ein gutaussehender junger Mann. Er schien auf Bella gewartet zu haben, denn er ging gleich auf sie zu und begann, mit ihr zu sprechen. Ich war ziemlich weit entfernt, und sie sprachen auch leise, so daß ich ihre Worte nicht verstehen konnte. Ich sah nur, daß der Kerl seine Hand ausstreckte und Bella an die Brust faßte. Und Bella wehrte seine Hand nicht ab.

Ich trat aus dem Schatten in den Lichtkegel der Laterne. Bella blickte auf, und als sie mich erblickte, schob sie den Kerl mit der Hand zur Seite und lief zu mir. Sie lächelte mich an, küßte mich auf den Mund und fragte: »Bist du meinetwegen gekommen?«

Ich sagte ja, worauf Bella mich umarmte und auf den Mund küßte. Der Kerl, mit dem sie vorhin sprach, sah, daß er verloren hatte, und entfernte sich.

»Kommst du zu mir?« fragte ich, und Bella drückte sich noch mehr an mich. Dann hakte sie sich wortlos bei mir ein, und wir gingen zu mir nach Hause.

Unterwegs fragte ich sie: »Wer war der Kerl, mit dem du vor der Kneipe gesprochen hast?«

»Ah, der kommt manchmal zu uns ins Lokal«, antwortete sie.

»Und was wollte er von dir?« bohrte ich weiter.

»Er fragte, ob ich mit ihm schlafen will.«

»Und was hast du ihm geantwortet?«

»Ich habe gar nichts gesagt, weil ich dich sah, und da ließ ich ihn einfach stehen«, sagte Bella.

Aber ich war noch nicht zufrieden.

»Du hast dich nicht gewehrt, als er dir an den Busen grapschte. Was hättest du ihm geantwortet, wenn ich nicht gekommen wäre?«

Und Bella antwortete auf ihre offene, ehrliche Weise: »Ich wäre mit ihm gegangen. Ich hätte diese Nacht alleine nicht ertragen können.«

»Ich auch nicht«, sagte ich. »Aber wäre es für dich egal, mit wem du geschlafen hättest?«

»So ganz egal nicht«, antwortete sie, »aber der Kerl sieht nicht schlecht aus. Und ich dachte, du willst mich nicht mehr haben, du hast genug. Alleine bleiben wollte ich nicht. Vielleicht wäre ich mit jedem mitgegangen, nur um nicht allein zu sein. Es war so schön mit dir, und ich fühlte mich plötzlich so furchtbar verlassen.«

»Ich halte es ohne dich auch nicht aus«, sagte ich. »Du, ich glaube, ich muß dich gleich hier ficken«, und ich drückte sie gegen die Hauswand, vor der wir eben standen.

Ich griff unter ihren Rock. Sie trug einen Slip, ich griff aber von oben unter den Gummi und faßte ihr zwischen die Beine. Ihre Fotze schmiegte sich warm in meine Hand.

»Fick mich, wann und wo du nur willst«, sagte sie und drückte ihren Unterleib gegen meine Hand.

Aber ich beherrschte mich. Mehr laufend als schnell gehend legten wir den Weg zu meiner Woh-

nung zurück, und sobald wir mein Zimmer erreicht hatten, fielen wir übereinander her wie zwei wilde, völlig ausgehungerte Bestien. Wir küßten uns und schälten uns aus unseren Kleidern, ohne unsere Lippen voneinander zu trennen. Dann, als wir ganz nackt waren, sanken wir auf das Bett, und mein Schwanz stieß in ihre Fotze. Gleichzeitig drang meine Zunge tief in ihren Mund.

Wir fickten wild und laut schreiend. Wir kümmerten uns nicht darum, ob uns jemand in der Nachbarschaft oder auf der Straße hörte. Wir haben aufgehört, denkende Individuen zu sein, wie waren nur zwei fikkende Leiber, die außer uns selbst die ganze Welt nicht mehr wahrnehmen konnten.

Die Nacht war wunderbar. Wir fickten mehrmals miteinander, nur durch kurze Schlafpausen unterbrochen, und es wurde schon hell, als wir völlig erschöpft und engumschlungen einschliefen. Mein Schwanz steckte dabei noch immer in ihrer Fotze.

Wir haben lange geschlafen. Es war schon fast Mittag, als wir aufwachten. Wir aßen etwas, dann sagte Bella: »Ich muß jetzt gehen. Heute habe ich Dienst.«

Ich sagte nichts. Es lag etwas in der Luft, was uns beide irgendwie traurig machte. Oder waren wir einfach nur erschöpft nach der stürmischen Nacht?

Bella machte sich fertig. Dann schaute sie mich an: »Jetzt muß ich aber gehen. Also, das war's. Es war schön mit dir.«

Sie küßte mich und ging zur Tür. Als sie die Tür geöffnet hatte und die Wohnung verlassen wollte, fragte

ich sie: »Soll ich dich heute abend wieder abholen?«

Bella drehte sich um.

»Du willst, daß ich wiederkomme?«

»Was sonst?« fragte ich. »Natürlich will ich es. Wenn du es auch willst.«

Bella lief zu mir zurück und legte ihre Arme um meinen Hals.

»Du, ich dachte, wieder einmal werde ich abgeschüttelt.« Sie küßte mich. »Du brauchst nicht zu kommen. Ich finde schon den Weg.«

»Ich komme trotzdem«, sagte ich.

Ich stand vor der Kneipe und wartete auf Bella. Es dauerte etwas, weil die Gäste nicht gehen wollten, der Wirt mußte sie fast mit Gewalt aus der Kneipe hinauswerfen. Aber dann kam sie. Der Anblick ihrer schönen Beine unter dem kurzen Rock elektrisierte mich. Sie lief auf mich zu und warf sich an meine Brust.

Den ganzen Weg nach Hause blieben wir alle paar Schritte stehen und küßten uns. Bella schien sehr glücklich zu sein, und ich war es auch.

Zu Hause angekommen machte ich eine Flasche Sekt auf, den ich am Nachmittag besorgt hatte.

»Herzlich willkommen«, sagte ich und wir tranken. Dann nahm ich Bella in die Arme und sagte: »Ich mag dich wirklich sehr. Ich wäre sehr unglücklich gewesen, wenn du heute abend nicht gekommen wärst.«

»Ich wär' auch unglücklich, wenn du mich nicht mehr haben wolltest«, sagte sie. »Ich mag dich auch. Sehr!« Und sie betonte das Wort ‚sehr' besonders.

Ich weiß noch, daß wir uns die Kleider wieder vom Leib gerissen haben. Und dann steckte auch schon mein Schwanz in Bellas Spalte, und wir fickten wild los. Es war wunderschön. Dann lagen wir ruhig nebeneinander und hielten uns nur an der Hand fest.

»Es ist schön mir dir«, sagte Bella.

Ich küßte sie und fragte: »Willst du noch einmal?«

Bella schaute mich ernst an: »Mit dir will ich immer. Aber wenn du müde bist oder keine Lust hast, muß es nicht sein. Ich komme in Fahrt, wenn ich sehe, daß du geil bist. Das geilt auch mich auf. Aber mir reicht auch, wenn ich mich an dich ankuscheln darf. Dann fühle ich deinen Körper, deine Zärtlichkeit, und das reicht mir. Aber immer wenn du willst, kannst du mich haben.«

Noch bevor ich die Fortsetzung der Erklärung abwarte, wette ich meinen Kopf, daß sich die beiden ineinander verlieben werden. Es wäre auch kein Wunder. Micky ist ein Mann, von dem ein Mädchen wie Bella nur träumen konnte. Und Bella wäre die ideale Frau für jeden gesunden Mann; eine, die anspruchslos ist, die nie drängt, die ihre eigene Wünsche in den Hintergrund stellt, sich aber jederzeit und beliebig oft ficken läßt. Ja, sie ,wäre' wirklich die ideale Frau, wenn es solche Frauen in bürgerlichen Kreisen gäbe!

Solche Frauen, und das weiß ich aus meiner Praxis, gibt es durchaus. Doch sie wurden durch die Erziehung verdorben, durch eine Erziehung, die ihnen eingetrichtert hat, daß sie keine eigene Sexualität haben

dürfen und daß sie nie nachgeben dürfen. Daß der Mann sie ,erobern' muß (als ob wir immer noch im Mittelalter lebten), der für sie kämpfen und Opfer bringen muß.

Nebenbei, die erwarteten Opfer sollen fast immer finanzieller Natur sein, was zeigt, daß die ach so prüde (das Wort ,solide' stößt mich in diesem Zusammenhang ab) Erziehung die Frau eigentlich zur Hure macht. Es wird ihr nur zu oft gesagt, sie soll keine ,billige' Frau sein, der Mann schuldet ihr etwas.

Ich weiß immer noch nicht, was aus diesem Duo, nämlich aus meinem Patienten Micky und seiner Bella wird.

Verdammt, ich bin dabei, sie miteinander zu verkuppeln. Ich sage schon ,seine' Bella!

VI

Ich holte die Gläser ans Bett und goß nach. Der Schampus schmeckte sehr gut. Ich schaute auf Bellas Busen. Ihre Brüste waren sehr schön, die Knospen standen nach oben.

»Hat dich heute jemand versucht zu verführen?« fragte ich sie.

»Ah, das geschieht jeden Tag«, antwortete Bella. »Die Kerle sind alle scharf auf mich.«

»Und du«, fragte ich weiter, »hättest nicht Lust gehabt, einem Kerl ja zu sagen? Ein bißchen Abwechslung zu haben?«

Bella schüttelte nur lächelnd den Kopf.

»Aber ich denke, du liebst Männer, du liebst die Abwechslung. Sonst hättest du nicht mit so vielen Männern geschlafen.«

»Du kennst mich nicht«, antwortete sie. »Wenn ich einen habe, den ich mag, und der mich mag, brauche ich keinen anderen mehr. Daß ich mit vielen geschlafen habe, war nur deshalb, weil mich jeder Mann bisher immer fallen ließ, wenn er genug von mir hatte. Und ich klebe an keinem, der mich nicht haben will. Einen neuen kriege ich immer. Aber wenn ich einen habe, bleibe ich bei ihm, solange er mich haben will.«

»Dann bleibst du sehr lange bei mir«, sagte ich, und ich sah Bellas Augen leuchten.

Dann neigte sie ihren Kopf über mich und nahm meinen Schwanz in den Mund. Ihre Lippen schlossen sich über meiner Eichel, ihre Zunge kitzelte das kleine Loch an meiner Schwanzspitze. Dann ließ sie meinen Schwanz tiefer in ihren Mund gleiten, und mit einer Hand umfaßte sie meinen Hodensack, während ihre andere Hand die Haut meines Pimmels hin und her schob. Sie wichste und blies mich gleichzeitig.

Mein Schwanz wurde von etlichen Mädchen geblasen, aber keine hat mir solchen Genuß geschenkt wie Bella. Ihr Mund fühlte sich wunderbar an, und sie beherrschte eine Technik, die mein Blut zum Kochen brachte. Es dauerte nicht lange, und ich spürte das Pulsieren dort hinten, wo mein Schwanz anfängt, und das innere Klopfen verbreitete sich bis zur Spitze meines Pimmels. Ich wollte ihn aus Bellas Mund herausziehen, doch sie hielt ihn fest und sog ihn noch tiefer ein. Ich konnte nicht anders, ich spritzte meinen Samen tief in Bellas Kehle.

Noch nie habe ich solchen Genuß gehabt. Ich glaube, ich war, nachdem ich mich ausgespritzt hatte, eine kurze Zeit ohne Besinnung. Es dauerte sehr lange, bis sich mein Atem und mein Herzschlag normalisierten.

»Bella, mein Engel. Du kannst wirklich wie ein Engel blasen«, sagte ich dann. »Wer hat dir das beigebracht?«

»Mein Vater«, sagte Bella trocken.

Ich dachte, ich höre nicht recht.

»Dein Vater, sagtest du? Heißt das, du hast deinem Vater einen geblasen?«

»Oh, ich habe ihm oft einen geblasen«, sagte Bella.
»Besonders, wenn ich meine Tage hatte und er mich
nicht ficken konnte.«

Da blieb mir die Puste echt weg.

»Willst du behaupten, daß du mit deinem eigenen
Vater gefickt hast? Ist das wahr? Hat er dich vergewaltigt?«

»Ach was«, lachte Bella, »vergewaltigen brauchte er
mich nicht. Ich habe freiwillig mit ihm gefickt.«

»Und was hat deine Mutter dazu gesagt?« wollte ich
wissen.

»Sie schaute zu. Manchmal machte sie auch mit«,
ergänzte sie lachend.

»Das glaube ich nicht.« Ich schaute sie ungläubig
an. »Wie kam es dazu? Erzähl es mir.«

Und Bella erzählte mir in ihrer offenen und ehrlichen Art alles:

»Ich habe dir erzählt, daß meine Eltern nie ein Geheimnis daraus gemacht haben, wenn sie ficken wollten. Sie taten es einfach, und ich, im Bett neben dem
ihren, habe alles mitbekommen.

Einmal, als Vater wieder mal einen Ständer hatte,
hat ihn Mutter abgewiesen, weil sie ihre Tage hatte.
‚Dann blas mir einen‘, sagte Vater, und Mutter nahm
seinen Schwanz in den Mund. Es war eine ziemlich
helle Nacht, ich sah alles.

Plötzlich fragte Vater leise: ‚Du, sag mal, was
meinst du, hatte Bella schon einen drin gehabt? Sie
ist gut entwickelt und hat schöne Titten.‘ Mutter nahm
seinen Schwanz aus dem Mund und sagte: ‚Ich weiß

48

Ich sagte nur: ‚Meinetwegen‘, und Vater legte sich sofort auf mich. Er schob seinen Schwanz in mein Loch und begann, mich zu ficken.«

»Und wie hast du es ertragen können?« fragte ich. Bella lächelte.

»Ertragen? Es gefiel mir. Er fickte sehr gut, sein Schwanz hat sich sehr gut angefühlt. Ich bin zweimal fertig geworden, bis er in mir zu spritzen begann. Ab da haben wir oft miteinander gefickt. Er hatte auch nichts dagegen, wenn ich mit anderen Kerlen fickte. Oft hat er uns beide, Mutter und mich, nacheinander gebumst. Als dann Mutter starb, fickte er nur noch mit mir, bis ich aus dem Hause ging. Ich muß sagen, ich habe sehr gerne mit ihm geschlafen.«

»Und hattest du keine Angst, daß er dir ein Kind macht?«

»Daran habe ich gar nicht gedacht. Ich hatte einfach Glück, daß ich nicht schwanger wurde. Jetzt aber nehme ich die Pille«, klärte mich Bella auf.

Ich wollte meinen Ohren nicht trauen. Bella erzählte mir die Geschichte mit einer solchen Selbstverständlichkeit, daß mir gar nicht einfiel, mich darüber aufzuregen. Ich wurde vielmehr durch Bellas Erzählung erregt, denn mein Pimmel, der erst vor kurzem abgespritzt hatte, stand wieder groß und rot unter meinem Bauch. Bellas Finger umklammerten ihn, und sie streichelte ihn sanft.

»Und er hat dir auch das Blasen beigebracht?« fragte ich sie noch einmal.

»Beigebracht?« Bella schaute mich an. »Das eben

nicht, das konnte ich schon früher. Aber er hat mich gelehrt, wie man es richtig macht. Wie man an der Eichel lutschen soll, wie man mit der Zunge die Furche unter der Eichel stimuliert, wie man den Pimmel tief in den Mund hineinsaugt und wieder rausläßt, wie man den Schaft mit der Hand bearbeitet, und alles weitere. Er steckte mir seinen Pint in den Mund und sagte immer, was und wie ich es machen soll. Auch Mutter hat es mir gezeigt.«

»Und er«, wollte ich wissen, »hat er sich bei dir auch revanchiert? Hat er deine Möse geleckt?«

»Ja, das hat er«, sagte Bella. »Und nicht selten.«

Es klang ungeheuerlich, was mir Bella da erzählte. Ich glaube, manche Dame der sogenannten ‚besseren Gesellschaft‘ wäre in Ohnmacht gefallen, hätte sie sich das anhören müssen. Seltsamerweise rebellierte meine bürgerliche Erziehung nicht. Mein Schwanz war zum Bersten geschwollen. Ich schob Bellas Beine auseinander und warf mich mit meinem Mund auf ihre Fotze. Ich stieß meine Zunge tief in ihre Grotte, nahm ihre Schamlippen in den Mund und lutschte an ihrem Kitzler.

»Hat dich dein Vater so geleckt?« fragte ich dabei. »Hat er deinen Kitzler so gelutscht? Hast du seine Zunge so in deiner Fotze gespürt?«

Und Bella schrie nur: »Ja, ja, ja, ja!«

Und sie warf ihren Arsch in die Höhe, drückte meinen Kopf mit beiden Händen gegen ihre Fotze und dann kam sie. Sie erlebte einen Super-Orgasmus.

Noch während sich ihr Körper unter den Wogen des

Orgasmus' wand, steckte ich ihr meinen Pimmel rein und begann, sie heftig zu ficken.

»Hat dich dein Vater so gefickt?« fragte ich bis zum Äußersten erregt. »Hat er seinen Pimmel so in dein Loch geschoben? Hat er dich so gestoßen? Hat er dir da reingespritzt? Hat sich sein Pimmel gut angefühlt? Ist es dir dabei gekommen? Hat es dir gefallen, daß er dich so fickt?«

Und ich hatte noch tausend Fragen, während ich sie in Ekstase fickte.

Und Bella stöhnte immer nur: »Ja, ja, ja! Er hat mich so gefickt. Er hat meine Fotze so gestoßen. Er hat meine Fotze vollgespritzt. Und er fickte mich sehr gut. Es hat mir sehr gefallen!«

Ich weiß nicht, wie oft Bella dabei gekommen ist. Bestimmt sehr oft. Und ich hatte am Ende einen Riesenorgasmus. Ich dachte, mein Pimmel hört nie auf zu spritzen. Ich steckte ihr meinen Riemen dabei ganz tief rein, damit ich beim Spritzen in seiner ganzen Länge die Innenwand ihrer Fotze spüre.

Dann lagen wir erschöpft nebeneinander. Wir haben sogar etwas geschlafen. Ich wurde erst wach, als Bella mein Gesicht küßte. Als sie sah, daß ich erwacht war, schaute sie mich ängstlich an.

»Verabscheust du mich jetzt? Ekelst du dich vor mir? Hätte ich es dir lieber nicht erzählen sollen?«

»Wo denkst du hin!« brach es aus mir heraus. »Es stört mich nicht im geringsten. Alles, was du machst, ist schön für mich. Du kannst mir ruhig alles sagen. Es erregt mich sogar. Ich habe noch nie in meinem Le-

ben so gut gefickt wie eben gerade mit dir! Wie könnte ich dich verabscheuen? Ich liebe dich doch!«

Es war raus! ‚Ich liebe dich‘, hatte ich ihr gerade gestanden. Ja, es war mir plötzlich klar: Ich liebte Bella.

Es war sehr still. Ich schaute sie an und sah, daß sie weinte.

»Das hat mir noch niemand gesagt«, sagte sie dann. »Mich hat jeder nur benutzt und weggeworfen. Niemand hat mich je geliebt. Ich liebe dich auch, Micky. Ich liebe dich vom ganzen Herzen.«

Und sie umarmte mich, und wir küßten uns innig. Dann fickten wir wieder. Diesmal war es ein langer, langsamer und sehr gefühlvoller Fick. Ich könnte sagen, wir liebten uns. Wir haben wirklich Liebe gemacht, im wahrsten Sinne des Wortes.

Am nächsten Nachmittag, bevor Bella zur Arbeit ging, fragte sie mich: »Darf ich heute abend wiederkommen?« Und in ihren Augen kämpfte die Hoffnung mit der Angst.

»Natürlich darfst du«, erwiderte ich. »Du darfst nicht nur, du mußt kommen. Hierher zu mir. Nach Hause. Heute abend und jeden Abend.«

Bella hatte Tränen in den Augen, als sie ging. Aber es waren Tränen der Freude.

Ich hatte es geahnt. Das kleine Biest hat den Mann völlig erobert. Und ich weiß, sie hat dies nicht bewußt herbeigeführt. Nicht ihre Geschicklichkeit, nicht ihre Berechnung war die treibende Feder. Sie war nicht wissend genug, um eine solche Strategie zu entwik-

keln. Sie war im Prinzip ein einfaches, deshalb grund-
ehrliches Wesen, das sich nach Wärme sehnte, die sie
bis dahin nirgendwo und von niemandem bekommen
hatte.

Nein, es war ihr Atavismus, die seit vielen Genera-
tionen geprägte Natur in ihr, die ihr ganzes Leben regierte. Sie lebte in ihrer Einfachheit mit einem Welt-
bild wie unsere prähistorischen Vorahnen in den Höh-
len der Vorsteinzeit. Sie wußten damals nicht, daß
beim Kopulieren die Frau befruchtet wird. Sie be-
trachteten es nur als ein sehr angenehmes Spiel und
fickten, von einer ‚Kultur' noch nicht verdorben, ohne
Scham und ohne darüber nachzudenken, denn sie
hielten es für die natürlichste Sache der Welt – so wie
Bella heute.

Was mich stutzig machte, war, daß Micky, eigentlich der Sohn einer bürgerlichen Familie, der eine Erziehung mit allen Vorteilen und auch allen Beschrän-
kungen seiner Zeit genossen hatte, an den Erzählun-
gen seiner Geliebten nicht Anstoß nahm. Dafür habe
ich nur eine Antwort: Er war bereits bis über beide
Ohren in sie verliebt – ohne dies in voller Klarheit erkannt zu haben. Für einen verliebten Menschen schei-
nen auch die Fehler der geliebten Person als Tugenden, denn Liebe beschönigt alles. Und Micky hatte
eine ausgeprägte Sexualität, so daß ihn die ‚Tugenden'
seiner Geliebten nicht nur nicht abstießen, sondern
im Gegenteil anstachelten und aufgeilten. Er empfand
alles, was Bella machte, als gut und war mit ihr in
sexueller Hinsicht absolut glücklich.

VII

Ich habe den ganzen Nachmittag nachgedacht. Bin ich verrückt? Ich habe ihr gesagt, daß ich sie liebe. Liebe ich sie wirklich? Und wenn ja, was dann? Will ich mit ihr zusammenleben? Mit einem Weib, das schon hundert Schwänze in ihrer Möse hatte – falls sie nicht die Hälfte verschwieg oder vergaß. Ich kann mit ihr nicht mal auf die Straße gehen, ohne zu befürchten, daß ein Kerl, der sie schon gebumst hat, uns entgegenkommt und mich spöttisch angrinst. Oder sie fragt: »Na, Bella, fickt dich jetzt dieser Heini?«

Gut, das Mädchen ist schön, das Mädchen ist im Bett besser als tausend Huren, das Mädchen ist offen und ehrlich, – na und? Muß ich mit ihr gleich zusammenleben? Womöglich erwartet sie, daß ich sie auch heirate! Das wär's dann!

Es ist unmöglich, und es war unvernünftig, ihr zu sagen, daß ich sie liebe. Das habe ich nur so hingesagt, im Taumel der Wollust, in dem man manches ausspricht, was man im nüchternen Zustand nicht sagen würde.

Und liebe ich sie auch wirklich? Ist es nicht eher eine Art Hörigkeit? Ich bin begeistert von ihren sexuellen Fähigkeiten, sie hat zweifelsohne Feuer im Arsch; sie ist eine ideale Partnerin fürs Bett. Aber fürs Leben?

Ich bin ein Arschloch – stellte ich fest. Ich werde ihr abends sagen, daß sie es nicht allzu ernst nehmen soll. Ja, ich liebe sie auf gewisse Weise, das bedeutet aber nichts weiter. Sie sollte sich keine Illusionen machen. Ich werde doch nicht mit einer gemeinnützigen Fotze zusammenleben.

Ja, ich werde sie ernüchtern. Gewiß, das arme Ding freut sich jetzt; zum ersten Mal in ihrem Leben fühlt sie sich geliebt. Und vielleicht liebt sie mich auch wirklich. Aber dann muß sie auch verstehen, daß es zwischen uns nichts Ernstes geben kann. Ja, wir können miteinander ficken, das ist auch sehr angenehm, sie genießt es offensichtlich auch. Aber das ist dann auch alles. Mehr kann sie nicht erwarten.

Verdammt, es wird schwer werden, es ihr beizubringen. Ich muß sehr behutsam vorgehen. Denn das Mädchen ist ja empfindlich. Sie hat ein gutes Herz, ja, das kann man nicht leugnen. Und sie ist offen und ehrlich. Sie lügt nicht, sie bekennt sich zu ihren Fehlern. Ja, charakterlich ist sie in Ordnung. Nur hätte sie ihre Fotze nicht bereits so vielen Kerlen hinhalten dürfen. Ein oder zwei Liebhaber kann man noch wegstecken; denen kann man aus dem Weg gehen. Aber ich kann nie wissen, welcher Kerl, der uns auf der Straße entgegenkommt, mich auslacht, mich für einen Trottel hält, einen Trottel der meint, eine Jungfrau im Arm zu haben.

Peinlich. Ich wäre dazu natürlich nicht fähig. Ich nicht. Wenn ich eine Frau treffe, die ich irgendwann gevögelt habe, grinse ich ihrem Begleiter nicht in die

Visage und denke nicht: ‚Na, du Arsch; die Fotze, für die du jetzt schwärmst, habe ich längst vollgerotzt!‘ Nein, solche Gedanken bekomme ich nie. Auch jetzt ist es nur eine Ausnahme, daß ich sowas denke. Denn nur primitive Kerle, die schon auf Bellas Bauch lagen, könnten so denken. Und das wäre für mich mehr als peinlich.

Nein, ich darf es mit ihr nicht lange treiben. Ich muß so schnell wie möglich Schluß machen. Am besten schon heute abend.

Nein, heute nicht. Das würde sie zu hart treffen. Ich lasse einige Tage verstreichen, werde immer kühler zu ihr, und irgendwann werde ich mit ihr dann sachlich und nüchtern reden und ihr erklären, daß einmal Schluß sein muß. Sie wird mich verstehen, sie ist ein kluges Mädchen.

Ja, klug ist sie. Nicht gebildet, aber sie besitzt eine natürliche Intelligenz. Und ehrlich ist sie auch. Sie liebt mich wirklich, das ist klar zu sehen. Dieses Mädchen würde mir bis an das Ende der Welt folgen. Vielleicht finde ich keine zweite, die mich so lieben wird.

Trotzdem. Was nicht geht, das geht nicht. Obwohl sie schön ist. Ja, sie ist sehr schön. Sie hat nicht nur eine gute Figur, sehr aufregende Titten und einen sehr geilen Arsch, sie hat auch schöne Beine. Überhaupt, die Proportionen ihres Körpers sind fast künstlerisch perfekt. Wie die der Venus von Milo.

Sie hat keine kurzen Beine und einen überlangen Oberkörper wie die meisten Frauen, die nur deshalb hochhackige Schuhe tragen, um ihre kurzen Beine

länger erscheinen zu lassen. Nein, Bella hat eine wunderbare Figur, sie könnte ein begehrtes Model sein. Und sie hat auch ein sehr schönes Gesicht. Ihre Augen strahlen Wärme aus, ihr Mund ist wohlgeformt, zum Küssen geschaffen, und sie hat ein klassisches, edles Profil. Es ist ein Wunder, daß dieses Mädchen noch nicht von einem Fotografen oder Filmregisseur entdeckt wurde. Sie könnte sich einen Millionär angeln, so wie sie aussieht, wenn sie schlau genug wäre.

Scheiße! Scheiße und noch mal Scheiße! So ein schönes Mädel mit einem so guten Charakter, und ich muß sie loswerden. Warum eigentlich? Wer sagt denn, daß ich auf Schritt und Tritt ihren ehemaligen Freiern in die Arme laufe? Und wenn schon! Mich kann jeder am Arsch lecken!

Und wer kann mir versichern, daß ein Mädchen aus gutem Hause und mit dem besten Ruf, das ich dann heirate, sich nicht als eine Hure entpuppt? Vielleicht hat sie auch schon mit hundert Kerlen gefickt, sie kann es nur besser tarnen! Oder sie wird erst, nachdem ich sie geheiratet habe, zur Hure, die mich bei jeder Gelegenheit mit Hinz und Kunz betrügt?

Bella hat sich schon ausgetobt. Sie wird bestimmt ruhiger, um das Zusammenleben mit mir nicht zu gefährden. Und wenn sie sich auch mal einen Seitensprung erlaubt? Würde mich das sehr aufregen? Sie hat mir schon so vieles erzählt, auch daß sie mit ihrem eigenen Vater gefickt hat, und es machte mich nur noch geiler auf sie.

Ach, was! Dumme Gedanken. Ich muß mit ihr

Schluß machen. Eigentlich schade. Sie macht mir so viel Freude, ich fühle mich so wohl, wenn sie bei mir ist, und jetzt, wo sie nicht da ist, fehlt sie mir entsetzlich. Und ich bekomme solche blöden Gedanken und quäle mich nur.

Nein, Schluß damit! Heute nacht werde ich sie noch einmal ficken, dann werde ich ihr behutsam beibringen, daß ich noch nicht reif genug bin, mit jemandem zusammenzuleben.

Abends wollte ich sie abholen. Ich blieb im Schatten eines Hauses unweit von ihrer Kneipe stehen, so daß mich Bella nicht sehen konnte, als sie herauskam. Einige Kerle standen schon vor dem Eingang, und einer sprach Bella an. Bella blieb für eine Sekunde stehen und hörte dem Mann zu, dann schüttelte sie aber den Kopf und wollte gehen. Der Kerl hielt sie am Arm fest und griff ihr an den Busen. Bella gab ihm eine Ohrfeige, riß sich aus seiner Hand und lief weg. Der Kerl glotzte nur blöd und blieb stehen.

Ich lief ganz schnell nach Hause, um noch vor Bella dort anzukommen. Sie mußte nicht merken, daß ich vor der Kneipe gewartet und sie beobachtet hatte. Als Bella ankam, saß ich am Tisch und las in einem Buch.

Bella platzte in das Zimmer und fiel mir um den Hals. In diesem Moment wußte ich: Ich bin verloren. Ich liebte dieses Mädchen, ich könnte ohne es nicht leben.

Vorbei waren die Überlegungen des Nachmittags.

Bella muß bei mir bleiben, das stand fest. Und alles andere kratzte mich nicht. Mich kann jeder... Hauptsache, ich habe Bella und kein anderer hat sie.

Nach dem Abendessen gingen wir ins Bett. Bella kuschelte sich zusammengekauert in meinen Schoß, sie drückte ihren Rücken gegen meinen Bauch. Ich umfaßte ihren schlanken Mädchenkörper mit beiden Armen und preßte ihn an mich. Die Wärme ihres Körpers kroch in mich hinein. Mein Schwanz spürte die weiche und doch so elastische Berührung ihres Hinterns und wurde steif. Behutsam führte ich ihn in Bellas Muschi ein, und wir fickten los. Mit beiden Händen umfaßte ich Bellas Titten, während ich mit meinem Schwanz in ihre Fotze stieß.

Langsam stieg die Wärme in mir auf, bis sie bei meinem Herzen angekommen war. Da sagte ich, voller Überzeugung: »Bella, ich liebe dich!«

Na klar, es war vorauszusehen, daß es so kommen mußte. Soweit so gut. Aber wo ist die Komplikation? Die beiden lieben sich, sie sind miteinander glücklich. Da muß etwas geschehen sein, um in Micky ungute Gefühle zu wecken. Ich könnte ihn jetzt direkt nach der Ursache seiner Unruhe fragen, doch ich weiß aus Erfahrung, daß es besser ist, wenn er selbst den Weg zu dem betreffenden Ereignis im Geiste durchläuft. Dann wird er das aussprechen, was ihn wirklich stört. Deshalb muß ich mich in Geduld üben und ihn weitererzählen lassen.

VIII

Wir schliefen schon eine Weile, als ich wach wurde, weil etwas Weiches meinen Schwanz berührte. Es dauerte etwas, bis ich zu mir kam und meine Gedanken ordnen konnte.

Bella kauerte zwischen meinen etwas angezogenen Beinen, und ihre Lippen umschlossen meine Eichel. Es war schön, angenehm, trotzdem zog ich sie hinauf zu mir.

»Bist du geil?« fragte ich sie.

»Nein«, war ihre Antwort, »aber ich habe bemerkt, daß dein Kleiner steht, da wollte ich dir eine kleine Freude machen.«

Ich küßte sie auf den Mund. Meine Hand glitt nach unten zwischen ihre sich willig spreizenden Beine und erreichte ihre Spalte. Sanft, ganz sanft begann ich, ihren Kitzler zu streicheln.

Sie umfaßte meinen Schwanz und streichelte ihn mit zarten Fingern. Ich spürte, wie sie meine Vorhaut hin und her schob, und das war ein wunderschönes Gefühl. Aber ich wollte die Spannung noch erhöhen, um dann den größtmöglichen Genuß zu haben.

»Du, sag mal, Schatz«, begann ich, »hast du schon einmal mit zwei Männern gleichzeitig gefickt?«

Bella wunderte sich nicht über meine Frage. Sie hatte das Gefühl, daß sie zu mir gehört, und daß ich

das Recht habe, alles über sie zu wissen. Und sie war auch klug genug zu wissen, daß es eigentlich meine Geilheit war, die sich in dieser Frage ausdrückte. Außerdem war sie auch ehrlich genug, zu ihren Taten zu stehen. Sie fand alles, was sie tat, natürlich, und sie hätte sich nicht vorstellen können, daß sie sich dafür schämen sollte oder daß sie etwas verheimlichen müßte.

Deshalb antwortete sie ohne zu zögern: »Nicht sehr oft, aber ein paarmal schon.«

»Erzähl«, bat ich sie, und sie begann zu erzählen.

»Einmal«, fing sie an, »saßen zwei gutaussehende Jungs in der Kneipe, in der ich arbeite. Sie haben sich auch anständig benommen, waren nicht frech, sondern höflich und freundlich. Plötzlich bandelte der eine an und fragte, ob ich mich ein wenig zu ihnen setzen würde. Da das während der Arbeitszeit unmöglich war, verabredeten wir uns für später. Ich hatte seit einigen Tagen keinen Verkehr mehr gehabt und ich wurde geil.

Er sagte aber, daß er nicht alleine ist, daß er seinen Freund nicht alleine lassen kann, und fragte, ob dieser mitkommen dürfte. ,Er wird dich nicht anrühren‘, versicherte er, ,er möchte aber nicht auf der Straße warten.‘ Ich sagte zu.

Nach Feierabend warteten die beiden hinter der Kneipe auf mich. Der, der mich angesprochen hatte, ich glaube, er hieß Jim – oder Jimmy – ich weiß es nicht mehr, hakte sich bei mir ein, der andere ging schweigend neben uns. Damit er sich nicht so ausge-

schlossen fühlte, hakte mich ich bei ihm unter. Ich merkte, daß er sich darüber sehr freute. Jim, ja, ich glaube, er hieß so, er küßte mich unterwegs. Der andere wagte es nicht. So kamen wir dann bei mir an.

Ich gab den beiden etwas zu trinken. Wir saßen alle am Tisch, und Jim küßte mich ununterbrochen. Er öffnete auch meine Bluse und spielte mit meinen Titten. Der andere schaute nur mit großen Augen zu. Ich sah, daß er liebend gerne mitgemacht hätte, er rührte sich aber nicht. Er war ein äußerst schüchterner Typ. Er begann, mir sogar besser zu gefallen als Jim, doch er machte keine Annäherungsversuche. Nach eine Weile fragte er aber, wo er sich hinlegen dürfte. Ich deutete auf die alte Couch, die im Zimmer stand, und er legte sich, so angezogen wie er war, hin.

Jim fummelte schon unter meinem Rock. Er erregte mich sehr, daß ich vorschlug, uns auszuziehen und hinzulegen. So haben wir es dann auch getan, und bald lagen wir nackt auf meinem schmalen Bett. Erst wollte ich das Licht ausmachen, aber dann dachte ich, der andere wollte vielleicht zuschauen und sich dabei einen runterholen. So ließ ich das Licht brennen.

Jim machte kein langes Vorspiel, und ich brauchte es auch nicht, weil ich schon sehr erregt war. Er steckte seinen Schwanz einfach bei mir rein ...«

»Hat er einen großen gehabt?« unterbrach ich sie.

»Nein, keinen besonders großen«, antwortete Bella, »aber einen sehr harten. Und er begann, mich zu ficken. Er war sehr ausdauernd, ich glaube, er fickte in einem Zuge etwa zehn Minuten lang, bevor er fertig

wurde. Dann drehte er sich um, und in diesem Augenblick schlief er schon ein.

Ich schaute mich um und sah, daß mich der andere ganz fassungslos anstarrte. Ich wurde in den zehn Minuten zweimal fertig, aber mein Appetit war noch nicht gestillt. So stand ich auf und ging zu ihm. Vor der Couch blieb ich stehen. Ich sah, daß er seinen Schwanz in der Hand hielt und ihn langsam wichste, während seine Augen starr auf meine Fotze gerichtet waren.

Ich nahm ein Handtuch und trocknete mich zwischen den Beinen etwas ab. Jim hatte eine Menge in mich hineingespritzt, und einiges war auch danebengegangen. Der andere stöhnte auf, als er sah, daß ich mich zwischen den Beinen abwischte. Da deutete ich ihm an, er soll sich ausziehen, was er auch tat. Dann hockte ich mich über ihn und führte seinen Schwanz in mich ein. Er hatte einen ziemlich großen. Ich ritt auf ihm, und kam noch einmal, noch bevor er abspritzte. Dann legte ich mich neben ihn, und er küßte mich.

Wir lagen eine Weile, und ich spielte mit seinem Schwanz. Er wurde wieder hart. Da legte er sich auf mich und begann, mich zu ficken. Er konnte wirklich sehr gut ficken. Und plötzlich merkte ich, daß Jim neben uns stand und uns zuschaute. Sein Pimmel stand kerzengerade. Kaum hatte der andere in mir abgespritzt, schob Jim ihn zur Seite und steckte mir seinen Pimmel rein. Er fickte mich, und dann fickte ich auch mit dem anderen noch einmal.«

»War es schön für dich?« fragte ich, hauptsächlich, um meine Geilheit zu verdecken.

Bellas Erklärung machte meinen Schwanz stahlhart. Am liebsten hätte ich ihn ihr reingeschoben, aber Bella wollte vorher noch eine weitere Geschichte erzählen.

»Einmal, es war schon sehr spät, kurz vor der Sperrstunde, ging der Wirt in sein Kontor und war dort wahrscheinlich eingeschlafen. Ich blieb alleine mit den Gästen. Es waren nicht viele, und sie waren schon ziemlich angeheitert, und auch ich war ziemlich beschwipst, weil ich sehr viel mitgetrunken hatte.

Ich konnte kaum noch auf den Beinen stehen, als mich zwei Burschen, die bis dahin brav an einem Tisch saßen, einfach an den Armen packten und in das Hinterzimmer zogen, wo die Billardtische standen. Es war dunkel dort.

Ich war genaugenommen sternhagelvoll und habe mich gar nicht gewehrt. Die Jungs haben mich einfach auf den Billardtisch gelegt und beide hintereinander gefickt. Sie machten keine Zeremonien, sie hoben einfach meinen Rock hoch, zogen meinen Schlüpfer aus, und während mich der eine an den Armen festhielt, steckte mir der andere seinen Pimmel einfach rein und fickte los.

Kaum hat er sich ausgespritzt, da steckte mir der andere seinen Schwanz in die Fotze und fickte mich durch. Sobald er fertig war, kam der erste wieder, und dann der zweite noch einmal. Ich weiß nicht, wie oft ich kam, und auch nicht, wie ich aus dem Billardzim-

mer hinausgekommen und wie ich in meine Bude gekommen war.«

Bellas Hand spielte jetzt intensiv mit meinem Schwanz. Sie spürte meine Erregung.

»Habe ich dich sehr aufgegeilt?« fragte sie, und als ich nur bejahend nickte, sagte sie: »Das merke ich schon. Geilt dich das auf, wenn ich dir solche Dinge erzähle? Ist es schön für dich? Dann werde ich dir noch vieles erzählen, damit du mich danach schön fickst. Komm, steck ihn mir rein, ich bin schon sehr naß!«

Ich fickte sie, und war – leider – in Windeseile fertig. Ich war so erregt, daß ich mich nicht zurückhalten konnte und sehr bald abspritzte. Aber ich hatte einen Riesenorgasmus.

Bella sagte dann: »Das ging aber ziemlich schnell. Aber ich verstehe dich. Warte, ich erzähle dir jetzt noch etwas, und dann wirst du noch einmal ficken können."

Und sie erzählte weiter:

IX

Einmal hatte ich Schwierigkeiten in der Schule. Meinem Klassenlehrer war aufgefallen, daß ich oft mit den Jungs rummachte, wobei es nicht immer sehr sittsam zuging. Er rief mich nach dem Unterricht in das Lehrerzimmer und versuchte, mir ins Gewissen zu reden. Daß ich mich anständiger benehmen soll, den Jungs nicht zuviel erlauben und mein junges Leben nicht ruinieren soll und so weiter. Er spielte den Moralapostel. Als er sah, daß ich nicht einsichtig war, sagte er, mein Vater soll zu ihm in die Schule kommen.

»Der kommt nicht«, entgegnete ich.

»Warum nicht?« fragte er.

»Weil er im Knast sitzt!« sagte ich wahrheitsgemäß.

»Dann soll deine Mutter kommen!«

Am nächsten Tag kam dann Mutter in die Schule. Sie kam um die Mittagszeit, eine Frühaufsteherin war sie nie. Sie war noch ziemlich jung und sah noch recht gut aus. Der Unterricht war zu Ende, und meine Mutter folgte dem Klassenlehrer in das Lehrerzimmer. Ich setzte mich auf eine Bank auf dem Korridor. Es dauerte sehr lange, ich langweilte mich, da ging ich zur Tür und trat in das Lehrerzimmer ein. Mutter war mit dem Lehrer alleine da, und mir schien, daß die beiden bei meinem Eintritt irgendwie auseinandergesprungen waren.

Der Lehrer herrschte mich an: »Hat man dir keinen Anstand beigebracht? Kannst du nicht anklopfen, bevor du die Tür aufmachst?«

Und meine Mutter konterte: »Geh schon nach Hause. Ich muß mit dem Herrn Lehrer besprechen, wie wir dich zur Vernunft bringen können, damit du nicht von der Schule fliegst.«

Ich sagte auf Wiedersehen, und ging. Aber ich ließ die Tür nicht ins Schloß fallen, ich habe sie nur angelehnt. Dann ging ich den Flur hinunter, wobei ich stark aufgetreten bin, damit die beiden meine Schritte genau hören konnten. Dann knallte ich die Tür zum Ausgang laut zu.

Aber von innen. Ich ging nämlich nicht hinaus, sondern schlich mich zum Lehrerzimmer zurück. Mit Freude stellte ich fest, daß sie nicht gemerkt hatten, daß die Tür nur angelehnt war. Ich wartete eine Weile, dann hörte ich seltsame Stimmen aus dem Lehrerzimmer.

Ich öffnete die Tür einen Spalt und spähte in das Zimmer. Was ich sah, war für mich nichts Außergewöhnliches. Meine Mutter lag mit dem Oberkörper auf dem Tisch; ihr Rock war hinten hochgeschlagen, ihr Höschen war tief unter ihre Knie geschoben und ihr runder Arsch war dem Herrn Lehrer ausgeliefert, der sie stehend von hinten fickte. Auch seine Hose war nach unten gerutscht, ich sah seinen nackten Arsch hin und her schwanken, als er in die Fotze meiner Mutter stieß. Sie wimmerte vor Lust wie immer, wenn sie gefickt wurde. Die gute Seele hat sich ficken

lassen, um mich vor dem Rausschmiß zu retten.

Dann begann auch der Herr Lehrer zu keuchen und brach über dem Arsch meiner Mutter zusammen. Als er seinen Schwanz aus ihr herauszog, sah ich, daß er ein passables Instrument hatte.

Ich schlich weg und ging nach Hause. Kurz darauf kam auch Mutter. Sie sagte nichts, und ich fragte auch nichts.

Es vergingen etwa zwei oder drei Wochen, und ich trieb meine Späße mit den Jungs genauso wie früher. Ich ließ mir manchmal auch an meine Titten, ja sogar unter den Rock greifen. Da rief mich der Herr Lehrer wieder in das Lehrerzimmer.

»Ich sehe, du kannst dich nicht ändern. Warum benimmst du dich so? Schämst du dich nicht, mit den Jungen solche schweinische Späße zu treiben?«

Ich zuckte nur mit den Schultern. Was soll er mir predigen? Warum spielt er den Moralapostel? Er ist auch nicht anders als die anderen.

»Mädchen, Mädchen!« Er schüttelte den Kopf. »Ich glaube, es liegt in deiner Natur. Du kannst dich nicht beherrschen. Sonst würdest du nicht zulassen, daß die Jungs dich so anfassen«, sagte er und griff an meine Brust. Er griff nicht nur zu, er behielt seine Hand an meiner Brust. »Gefällt es dir, wenn man dich so anfaßt?«

Um ehrlich zu sein, es gefiel mir. Er sah nicht schlecht aus, und hatte – wie ich sah – einen schönen, großen Pimmel. Es war eindeutig, daß es ihm gefiel, meine Brust anzufassen. Ich antwortete auf seine

Frage nicht, aber ich entzog mich auch nicht seinem Griff.

Da wurde er dreister.

»Ich sehe, du bist schon ziemlich gut entwickelt«, sagte er und öffnete meine Bluse.

Meine Brüste lagen nun frei vor seinen Augen. Er umfaßte sie mit beiden Händen und begann, sie zu streicheln, wobei er mir vorspielen wollte, daß er nur den Grad meiner Entwicklung feststellen wollte.

Ich ließ ihn gewähren; sein Streicheln an meinen Brüsten machte mich geil. Er wurde auch sichtlich erregt, denn seine Hose beulte sich vorne verdächtig aus, und er begann, hörbar tief zu atmen.

Er spielte mit meinen Knospen, dann sagte er: »Ich habe gesehen, daß die Jungs dich manchmal auch umarmen«, und im selben Moment zog er mich zu sich und umarmte mich. Ich spürte die Härte seines Schwanzes durch die Hose. »Gefällt es dir, wenn sie dich so umarmen?« fragte er und zog mich noch enger an sich. »Oder erlaubst du ihnen noch mehr? Fassen sie dich auch so an?«

Er hob hinten meinen Rock hoch und ergriff mit beiden Händen meine Arschbacken. Ich spürte deutlich, daß sich sein Schwanz noch mehr versteifte, als er merkte, daß ich kein Höschen anhatte.

»Ach, du Unverschämte«, sagte er, »du läufst ja ohne Höschen herum, damit die Jungs besser an deinen Hintern rankommen, was? Es gefällt dir sogar, wenn sie es so treiben!«

Und seine Hände kneteten meinen Arsch ganz in-

tensiv. Ich drückte mich noch enger an ihn, um ihn noch mehr zu erregen, was mir auch gelungen ist, obwohl er bereits einen mächtigen Ständer hatte.

Er wußte plötzlich nicht, was er sagen sollte, wie er sich verhalten sollte. Er streichelte und knetete aber meine Arschbacken weiterhin. Dann merkte ich, daß seine Hand um meine Taille herumwanderte und sich vorne auf meine Muschi legte.

»Vielleicht läßt du dich auch hier anfassen?« sagte er und seine Hand schmiegte sich an meine Fotze.

Ich war sehr dünn behaart, und er mußte spüren, daß meine Spalte feucht war. Sein Finger glitt durch meine Spalte und traf meinen Kitzler. Ich zuckte zusammen.

»Ah, das Fräulein mag das«, sagte der Herr Lehrer, und seine Stimme war tief und belegt, »wenn die Jungs dich so streicheln, was? Oder streichelst du dich selbst so, was?« Sein Finger tanzte an meiner Fotze. »Paß auf«, sagte der Herr Lehrer, »eines Tages greift man dir auch hinein, und dann wirst du keine Jungfrau mehr sein!«

»Ich bin keine Jungfrau mehr!«

»Was?« entrüstete sich der Herr Lehrer. »Wie ist das möglich?«

Und sein Finger glitt zwischen meine Schamlippen. Er steckte ihn tief in meine Fotze.

»Tatsächlich«, sagte er, »sie ist keine Jungfrau mehr. Wie ist das möglich?« wiederholte er die blöde Frage.

»Ich habe schon gefickt!« klärte ich ihn auf.

Der derbe Ausdruck machte ihn ganz wild.

71

»Das muß ich untersuchen«, sagte er. »Setz dich da auf den Tisch!«

Ich habe mich hingesetzt. Ich saß auf der Tischkante. Der Herr Lehrer schob meinen Oberkörper nach hinten, so daß ich auf dem Tisch lag. Er hob meinen Rock und warf ihn nach hinten, dann spreizte er meine Beine. Meine Fotze lag nun frei vor seinen Augen. Er neigte sich ganz nach vorne und begutachtete sie aus nächster Nähe, wobei seine Finger an und zwischen meinen Schamlippen spielten. Er zog sie auseinander, steckte einen Finger hinein und spielte auch mit meinem Kitzler, so daß ich vor Erregung meinen Arsch bewegen mußte.

»Du bist durch und durch verdorben«, sagte der Lehrer. »Was soll ich mit dir nun machen?«

Er stand eine Weile vor mir, wobei seine Finger weiterhin in meiner Fotze wühlten. Dann kam ihm scheinbar die erleuchtende Idee: Er öffnete seine Hose und holte seinen steifen Schwanz heraus.

»Siehst du, was du mit mir gemacht hast? Siehst du, wie du verdorbenes Mädchen mich erregt hast? So kann ich doch nicht nach Hause gehen! Was soll ich nur tun?«

Ich wußte genau, was mich jetzt erwartete. Nur, ich wollte dasselbe. Aber er mußte sein Gesicht wahren.

»Faß ihn an und fühl, wie hart er geworden ist«, sagte er und legte meine Hand auf seinen Schwanz.

Ich umfaßte ihn, er hatte wirklich einen schönen Pimmel. Ich begann, ihn zu wichsen. Die Haut an sei-

ner Eichel wurde purpurrot und glänzte vor Spannung.

Dann holte er plötzlich zwei Stühle. Er stellte sie mit der Rücklehne zum Tisch und legte meine Füße darauf. So lag ich nun breitbeinig vor ihm. Er stellte sich zwischen meine Beine.

»Mädchen«, sagte er, »ich muß es tun. So kann ich nicht nach Hause gehen. Du bist schuld!«

Und mit diesen Worten schob er seinen Pimmel in meine Fotze und begann, mich zu ficken.

Ich muß ehrlich sagen, ich habe es genossen. Er aber auch. Es dauerte nicht sehr lange, dann ergoß er sich in mir. Dann säuberte er mich mit seinem Taschentuch und sagte, daß ich eigentlich von der Schule fliegen sollte, aber er hat Mitleid mit mir und mit meiner armen Mutter, deshalb wird er schweigen. Aber auch ich muß den Mund halten, denn sonst kann er mich dann nicht mehr beschützen.

Bis zum Ende des Schuljahres hat er mich dann noch vier- oder fünfmal im Lehrerzimmer gefickt. Er sagte immer, er tut es nur deshalb, weil er weiß, daß ich ein geiles Luder bin und es brauche. Er opferte sich, damit ich mich nicht von jemanden ficken lasse, bei dem ich mir eine Krankheit holen könnte.

Diese Erzählung Bellas hat mich unheimlich scharf gemacht. Ich mußte mich mit Gewalt zurückhalten, um – während ich ihr zuhörte – mir nicht einen runterzuholen oder Bella auf den Rücken zu legen, was wiederum zur Folge gehabt hätte, daß sie nicht hätte

weitererzählen können. Das wäre aber schade gewesen, denn ich wollte doch die ganze Geschichte hören.

Bella erzählte mir noch einige Episoden aus ihrem jungen Leben, und das Schönste war dann, daß wir all diese Szenen – denn sie konnte so bildhaft erzählen, daß ich mit meinem geistigen Auge zu sehen glaubte, wie sie von den verschiedenen Kerlen gefickt wurde – also, diese Szenen haben wir dann nachgespielt. So auch diesmal; ich legte sie auf den Tisch, legte ihre Füße auf die Lehnen zweier Stühle, stellte mich zwischen ihre Beine und fickte sie durch, wie seinerzeit ihr Lehrer es tat. Und nicht nur ich bekam dadurch einen himmlischen Genuß, sondern auch Bella, denn sie erlebte die damaligen Szenen in ähnlicher Form noch einmal.

Daß ihre sexuellen Erlebnisse Micky so erregen, gibt mir zu denken. Um es zu ergründen, dazu reichen aber die mir bisher bekannten Einzelheiten noch nicht aus.

Auch kenne ich Bella nicht. Ihre Äußerungen kenne ich nur von Micky, und – obwohl er sie ständig zitierte – steht fest, daß er ihre Worte nur sinngemäß wiedergeben konnte. Es ist ausgeschlossen, daß er sich an den Wortlaut eines jeden von ihr gesprochenen Satzes erinnern konnte.

Gewiß, es gab schon immer Männer, die ihre Frauen gerne zur Schau gestellt haben. Es gab auch gekrönte Häupter, von denen des alten Ägypten über denen des Römische Reichs bis zu berühmten Köpfen

der Neuzeit, die ihre Frauen gerne nackt zur Schau gestellt haben. Es hat sie nicht nur mit Stolz erfüllt, ihre Schönheit präsentieren zu können, sondern es hat sie auch erregt, wenn sie sahen, daß sich fremde Männer an diesem Anblick aufgeilten. Ja, es gab sogar römische Kaiser, die ihre Frauen auf fremde Männer losgelassen haben. Solcher ‚Besitzerstolz‘ könnte auch in Micky existieren, das würde aber bedeuten, daß er seine Gefährtin – zumindest nach dem Abklingen der ersten Verliebtheit – auf die eine oder andere Weise auch anderen Männern präsentieren könnte.

Andererseits lassen auch Männer mit masochistischen Neigungen oft zu – oder sie arrangieren es direkt – daß ihre Partnerin auf die eine oder andere Art – die Sinne anderer Männer anregt. Dann schwelgen sie in den ‚Qualen‘ des gehörnten Mannes. Vielleicht spielt auch dies eine Rolle bei Micky, während er sich vorstellte, wie seine Bella von anderen Männern ‚mißbraucht‘ wurde.

Wie gesagt, ein endgültiges Urteil kann ich mir noch nicht bilden, ich muß geduldig warten, bis ich mehr Information von Micky erhalten werde.

X

So verging ein Tag nach dem anderen, und ich habe mich in Bella immer mehr verliebt. Mich störte nicht mehr, daß sie in ihrem bisherigen Leben schon von vielen Männern durchgefickt worden war. Ja, es übte auf mich einen besonderen Reiz aus, daß sie, obwohl sie ja fast jeden Mann hätte haben können, nur noch für mich da war und nur noch mich zwischen ihre Schenkel haben wollte. Das süße Loch zwischen ihren Beinen gehört nur noch mir!

So kam es dann, daß ich eines Tages in der Euphorie eines besonders schönen Ficks ihr ins Ohr flüsterte: »Bella, ich liebe dich! Bella, ich will dich heiraten!«

In diesem Moment mußte Bella einen ungeheuer großen Orgasmus bekommen haben, denn sie umklammerte meinen Körper mit Armen und Beinen, stieß mit ihrem Unterleib meinen Stößen ganz wild entgegen und schrie – nein, sie brüllte förmlich: »Fick! Fick! Fick! Fick! Fick! Fick!«

Und dann, als sie merkte, daß ich mich auch meinem Orgasmus näherte, umklammerte sie meinen Hals und hob mir ihre süße Fotze entgegen, damit ich völlig in sie eindringen konnte.

Wir schliefen dann eng umschlungen ein, ohne ein Wort zu wechseln.

Nachts wurde ich plötzlich wach; ich hörte Bella

leise weinen. Ich knipste das Licht an. Bellas Gesicht war tränennaß, ihre Augen gerötet; sie muß schon eine ganze Weile geweint haben.

»Was ist mit dir, mein Engel?« fragte ich und nahm sie in die Arme.

Bella heulte ganz laut los.

»Ich gehe morgen weg von hier und komme nie wieder«, sagte sie. Die Worte kamen zerhackt aus ihre Mund.

»Was ist mit dir los, Liebes? Warum willst du hier weggehen? Liebst du mich nicht?«

Bella heulte nun noch lauter: »Das ist es eben. Ich liebe dich zu sehr. Aber du hast etwas gesagt ...«

»Ja, ich liebe dich auch, und deshalb will ich dich heiraten!«

»Das geht nicht!« schluchzte Bella. »Ich liebe dich mehr, als ich je jemanden geliebt habe. Ich wäre bei dir geblieben, solange du es willst, aber heiraten kann ich dich nicht!«

»Warum nicht, Engelchen? Warum kannst du mich nicht heiraten?«

»Weil ich eine Sau bin! Sowas kann ein ordentlicher Mensch wie du nicht heiraten!«

»Gut, du bist eine Sau! Aber du bist meine Sau und ich will eben diese meine wunderbare Sau heiraten!«

»Aber ich ... ich bi–in eine Ficksau!« heulte Bella nun wie eine Sirene.

»Aber du bist meine Ficksau, und ich will dich heiraten!«

Dieses ‚intelligente‘ Zwiegespräch ging noch eine

Weile weiter. Dann sagte Bella ganz ernst – und ganz traurig: »Schau, Micky, ich liebe dich von ganzem Herzen. Mein Herz zerreißt, aber ich kann nicht deine Frau werden. Du bist so lieb und gut zu mir gewesen wie niemand anderer. Ich würde für dich mein Leben opfern. Aber ich muß jetzt von dir weggehen. Ich sehe, du bist mir verfallen. Das könnte mich glücklich machen, und mir hat in meinem ganzen Leben niemand etwas so Schönes gesagt wie du, als du sagtest, daß du mich heiraten willst!«

»Ich liebe dich doch über alles ...«, wollte ich ihr entgegnen, doch sie unterbrach mich: »Schau, Micky, jetzt liebst du mich, und du meinst es ehrlich. Das weiß ich. Aber eines Tages wirst du mich satt haben. Wenn ich jetzt weggehe, werde ich mein Herz hier bei dir lassen, aber ich werde das überleben können. Aber wenn du eines Tages meiner überdrüssig wirst, wenn ich mich schon daran gewöhnt habe, mit dir zu leben, und du mich dann wegschickst, das könnte ich nicht ertragen. Es ist besser, wenn ich jetzt gehe. Es war wunderschön mit dir, ich werde niemanden mehr so lieben können wie dich, aber ich darf nicht bleiben. Versteh mich bitte!«

Ich habe sie verstanden, ja, und ob ich sie verstanden habe! Aber ich wußte, ich wußte es genau, daß sie sich irrt. Ich werde ihrer nie überdrüssig, ich lasse sie nie mehr von mir weg. Ich will sie für immer, bis zu meinem Tode. Und das habe ich ihr auch gesagt.

Wir haben die ganze Nacht diskutiert. Es forderte alle meine Kräfte, sie zu überzeugen, daß mich ihre

Vergangenheit nicht stört, ganz im Gegenteil, es mich sogar reizt, daß sie ein solch geiles Früchtchen ist. Für mich ist sie keine Hure, sondern eine anbetungswürdige Frau, ohne die ich nicht leben kann und will.

Hätte uns jemand bei dieser Diskussion beobachtet, wäre es ihm bestimmt wie ein komisches Theaterstück vorgekommen. Denn wir knieten im Bett und redeten und redeten aufeinander ein. Bella hob ihr Nachthemd, so daß ihre Scham sichtbar wurde.

»Schau her, hier haben schon viele Männer ihre Schwänze reingesteckt. Hier haben schon viele Männer reingespritzt. So eine Fickhure willst du als deine Frau haben?«

»Ja, auch ich habe schon da reingespritzt und will es noch sehr oft tun. Und genau diese Fickhure will ich heiraten, weil du die schönste, die süßeste, die teuerste und anbetungswürdigste Fickhure auf dieser ganzen Welt bist!«

Wir haben also die ganze Nacht diskutiert, unsere Diskussion wurde nur zweimal durch einen leidenschaftlichen Fick unterbrochen. Gegen Morgen konnte ich Bella endlich überzeugen. Ich habe sie noch einmal gefickt, dann schliefen wir in engster Umarmung ein und schliefen bis zum Nachmittag.

Drei Wochen später haben wir geheiratet. In aller Stille, nur wir zwei und zwei Trauzeugen, die wir auf der Straße aufgefordert haben, der Zeremonie beizuwohnen. Zu viert haben wir dann in einem Restaurant gegessen, und die beiden Zeugen haben wir nie wieder

gesehen. Und über unsere Hochzeit haben wir niemanden informiert.

Bella trug ein schlichtes Kostüm, ich einen dunklen Anzug. Nur ein Blumenstrauß deutete an, daß Bella eine Braut war. Wir haben uns so fotografieren lassen, und einige Tage später verschickten wir drei solche Fotos. Eines an Bellas Vater (ihre Mutter lebte nicht mehr), eines an meinen Vater und eines an meine Mutter, die von ihm getrennt lebte. Mein alter Herr hat sie vor wenigen Jahren einfach auf die Straße gesetzt, weil er sie mit einem Kerl erwischt hatte. Kommt in den besten Familien vor.

Wir erlaubten uns eine zweiwöchige Hochzeitsreise in einen Badeort. Vom Ort haben wir nicht viel gesehen, wir haben die meiste Zeit im Bett verbracht. Bella war unersättlich, und auch ich konnte von ihr nicht genug bekommen. Sie kündigte dann in der Kneipe, wo sie bisher gearbeitet hatte; der Wirt hat es sehr bedauert, weil er mit ihr sehr zufrieden war. Er wünschte uns viel Glück.

Von nun an war Bella nur noch Hausfrau. Sie genoß ihre neue Rolle sehr; sie hat es nie gewagt zu hoffen, daß sie einmal wirklich ein normales, bürgerliches Leben führen würde. Sie dachte, sie bliebe immer nur die Matratze von irgendwelchen Männern. Nun war sie aber ‚Wer‘. Der Lebensmittelhändler und der Postbote nannte sie ‚gnädige Frau‘, und Bellas Gesicht strahlte immer vor Freude.

Aber nicht nur ihr Gesicht strahlte. Ich ergötzte mich immer daran, wie schön ihr Gesicht war, aber

auch alles andere war schön an ihr. Zum Beispiel, wenn sie mit einer Schürze bekleidet vor dem Herd stand und das Essen vorbereitete. Als sie mir den Rükken zugekehrt hatte, sah ich, daß sie wirklich mit einer Schürze bekleidet war – nur mit einer Schürze. Darunter hatte sie – die Schuhe ausgenommen – nichts an. Ich sah also von hinten ihre wunderschönen Beine in ihrer ganzer Länge bis zu ihrem Po und darüber diese beiden herrlichen Wölbungen ihrer Pobacken. Einen schöneren Arsch konnte keine Frau dieser Welt haben – zumindest schien es mir so. Und ich konnte nicht widerstehen, ich mußte meinen Mund auf ihren nackten Rücken drücken und ihn entlang ihres Rückgrates mit vielen Küssen bedecken, langsam nach unten gleitend, bis ich endlich an ihrem Po angelangt war. Da mußte ich niederknien, ihre Beine mit beiden Händen umarmen und meinen Mund auf diese wunderbaren, rosigen Arschbacken drücken und sie küssen, bis auch sie nach unten glitt. Dann lagen wir auf dem Kachelboden der Küche und fickten, während das Essen auf dem Herd verschmorte. Doch wen störte das?

Mir imponiert diese Bella von Tag zu Tag mehr. Um es ganz direkt auszudrücken: Eine solche Anständigkeit bei einem solchen ‚leichten Mädchen‘, das kam in meiner Praxis noch nie vor. Wäre sie eine Hure gewesen oder eine gewissenlose Frau, hätte sie sich gesagt: Ich heirate diesen Idioten, nehme ihn so richtig aus, dann trete ich ihm in den Hintern. Nein, Bella wollte

für ihren geliebten Mann nur das Beste. Und sie hatte
– ich meine berechtigte – Angst davor, daß er sie eines
Tages verlassen würde. Und sie liebte ihn so sehr, daß
sie das nicht hätte ertragen können. Deshalb wollte
sie lieber selber gehen.

Doch ich habe Angst. Angst um die beiden. Wird
Bella dieses für sie absolut ungewohnte solide Leben
ertragen können? Sie, die ja die Abwechslung gewohnt war, wird sie sich mit nur einem einzigen Mann
zufriedengeben können? Ich schreibe ‚können‘, weil
sie nach meinem Urteil nicht zu den Menschen gehört, die es nicht einhalten wollen. Nein, aber ihre Natur war etwas anderes gewohnt. Und sie ist kein Teen-
ager mehr, sondern eine ausgereifte Persönlichkeit,
der es schwerfallen dürfte, sich einem Lebenswandel
anzupassen, der dem bisherigen völlig entgegenge-
setzt ist.

Und wenn ihre Natur dann herausbricht, werden
die beiden daran nicht zerbrechen? Ich befürchte sogar, daß Mickys tatsächliche oder eingebildete Störungen aus ähnlichen Quellen stammen. Aber ich will
ihn nicht direkt fragen. Ich lasse ihn die Geschichte
vollständig erzählen, vielleicht wird es für ihn eine
heilende Wirkung haben, daß er seine Probleme ver-
bal formuliert.

XI

Wenn es eine glückliche Ehe auf der Welt gibt, unsere war eine solche. Wir waren jung und ineinander verliebt. Auch wenn es regnete, meinten wir, Sonnenschein zu sehen. Bella lebte sich immer mehr in ihre Rolle als Eheweib und Hausfrau ein, und sie war glücklich; sie fühlte sich in dieser Rolle sichtlich wohl. Das war etwas, was sie sich früher auch in ihren kühnsten Träumen nicht vorzustellen wagte – und jetzt war es Wirklichkeit. Sie war eine ‚anständige' Frau an der Seite eines liebenden Ehemannes.

Und es spielte natürlich auch eine große Rolle, daß dieser Ehemann, also ich, nie genug von ihr haben konnte. Wie hätte ich es auch gekonnt? Ich war jung und brauchte die ständige sexuelle Befriedigung, und dazu hatte ich eine Partnerin wie vielleicht kein anderer Mann auf dieser Welt. Bella war eine – wie soll ich sagen – Fickexpertin. Was heißt Expertin? Sie war ein Fickgenie. Der Traum eines jeden Mannes. Sie überbeanspruchte mich nicht, obwohl sie jederzeit gekonnt hätte. Aber sie drängte nicht. Das mußte sie auch nicht. Allein ihre Anwesenheit im selben Raum machte mich geil.

Und das Biest wußte genau, wie ihre Reize auf mich wirkten. Und sie nutzte das auch aus. Sie brauchte nicht zu drängen und mich aufzufordern.

Sie brauchte sich nur so umzudrehen, daß ihr Rock hochgeworfen wurde und ihre schlanken Beine bis zu ihren Wurzeln sichtbar wurden, und schon stand ein Männchen in meiner Hose.

Es stimmt zwar, daß wir in den ersten Wochen fast pausenlos im Bett verbrachten und uns täglich mehrmals liebten. Unsere Liebe wurde mit der Zeit nicht weniger, doch man erreicht einmal einen Sättigungsgrad, wo der Appetit zwar ständig da ist, aber es ist kein Heißhunger mehr. Und so wurde aus fünf- bis sechsmal täglich das tägliche Einmaleins. Ja, später gab es auch Tage, an denen wir uns zwar im Bett zusammenkuschelten, aber in dieser Stellung auch einschliefen, ohne daß einer von uns mit erotischen Absichten über den anderen hergefallen wäre. Es reichte, wenn wir die Wärme des geliebten Körpers spürten, allein das machte uns schon glücklich.

Abgesehen davon mußte ich ja für uns beide Geld verdienen, und das artete manchmal in Schweißarbeit aus, wonach man nur noch einen Wunsch hatte: schlafen. Auch für Bella war die Hausarbeit nicht immer leicht; sie bestand nicht nur aus Kochen und Putzen. In einem Haushalt gibt es immer etwas zu tun. Manchmal war auch sie froh, daß sie sich abends im Bett ausstrecken konnte, ohne noch ,Turnübungen' machen zu müssen.

Es ist aber wahr, daß wir uns immer aneinander ankuschelten. Nicht selten schliefen wir so ein, daß Bella meinen schlaffen Schwanz in der Hand hielt. Sie wollte nichts, es war für sie nur schön, ihn in der Hand zu

fühlen. Auch meine Hand befand sich im Schlaf öfters auf einer ihrer Brüste oder auf ihrem Schamhügel. Es waren fast unbewußte Bewegungen. Zugegeben, wenn uns diese Bewegung bewußt wurde, artete das fast immer in einer wilden Fickerei aus.

Bei einer solchen Gelegenheit geschah dann etwas, was unserem Leben eine neue Wende gab. Mir wurde es nicht sofort bewußt, welche Auswirkungen diese eine Nacht haben würde; ich habe die Vorzeichen nicht erkannt oder ich konnte sie nicht richtig deuten.

Eines nachts wachte ich auf. Bella atmete gleichmäßig, tief und sie schnarchte sogar leise. Ich lag auf der Seite, meine Hand lag auf ihrer Scham. Genau gesagt, hielt ich ihre Fotze umklammert. Es war ein schönes Gefühl, dieses weiche, warme Fleisch zu berühren, diese Quelle meiner höchsten Wollust. Ich spürte in meinem Handteller ihre Spalte; sie war feucht.

Plötzlich überkam mich ein Gefühl, diese wunderbare Fotze anschauen zu müsssen. Jetzt! Gleich! Ich kannte Bellas Körper schon auswendig; es gab keinen Zentimeter ihrer Haut, den ich nicht bewundert, nicht gestreichelt, nicht mit meinen Küssen bedeckt hätte. Doch jetzt wollte ich sie dort, an diesem Punkt, zwischen ihren Beinen sehen. Ich wollte endlich ihre Fotze! Ihre F–o–t–z–e wollte ich sofort haben!

Der Wunsch war unwiderstehlich. Ich machte das Licht an und kroch zwischen ihre Beine. Sie hatte sich im Schlaf aufgedeckt. Ich schob ihre Beine sanft auseinander, um sie nicht zu wecken. Ich griff unter ihre

Kniekehlen, um ihre Knie hochzustellen und ihre Beine anzuwinkeln.

Da lag nun ihre Fotze, die ich so sehr liebte, vor meinen Augen. Ich drückte einen leichten Kuß direkt auf ihre Spalte. Ihr Saft benetzte meine Lippen, ihr Duft stieg in meine Nase und machte mich wahnsinnig. Ich küßte ihre Spalte wieder, diesmal jedoch intensiver. Bella stöhnte im Schlaf auf, doch sie schlief weiter. Jedoch trat nun diese kleine Erhebung oben, wo sich die Schamlippen treffen, dieser empfindliche Punkt ihres Geschlechts, deutlicher aus den Hautfalten heraus.

Meine Küsse wurden allmählich heftiger. Ich öffnete ihre äußeren Schamlippen etwas und stieß mit meiner Nase dazwischen, um ihren betörenden, so aufregenden und erregenden Duft zu spüren. Auch meine Zunge verirrte sich zwischen die Lippen, die jetzt zu schwellen begonnen hatten. Bella bewegte sich etwas und stöhnte erneut. Sie träumte etwas.

Ich griff jetzt fester zu. Ich öffnete auch ihre inneren Schamlippen. Der Eingang zu ihrer Lusthöhle lag nun offen vor meinen Augen. Der Anblick war wunderschön. Ich habe schon einigen Frauen zwischen die Beine geguckt, doch eine solch schöne Rose wie Bella hatte keine.

Ich bewunderte die rosa schimmernden Innenwände ihrer inneren Schamlippen. Sie waren glatt, hatten die Farbe von edlem Lachs und schimmerten wie Perlmutt. Die Feuchtigkeit ihrer Grotte wuchs ständig, und damit auch der Glanz.

Oh, wie schön waren diese Schamlippen! Wie wunderschön! Glücklich der Mann, dem sie gehörten, der sie spüren durfte! Wieviele Männer haben sie schon gespürt? Wieviele waren es, die ihren Schwanz ihr da hineingestoßen hatten, ohne zu wissen, ohne zu merken, in welch einem Wunder ihr Pimmel tobte! Und wieviele waren es, die auch Bella genossen hatte, wenn sie mit ihren dreckigen Schwänzen in ihre Fotze stießen? Wahrscheinlich hat sie alle genossen. Dieses Weib war zum Ficken geboren; um die Beine auseinanderzutun und sich ficken zu lassen. Jeder, der die Möglichkeit hatte, sie auf den Rücken zu legen, hat es auch gemacht.

Jetzt gehört sie aber mir! Nur mir! Dieses rosafarbene Wunder vor meinen Augen gehört jetzt mir allein! Nur mir! Und ich würde jeden sofort niederstechen, der es wagen würde, seinen dreckigen Pimmel in diese Fotze zu stecken! Diese Fotze ist mein ein und alles!

Doch dann durchzuckte es mich wie ein Blitz. Habe ich ein Recht darauf, sie nur für mich in Anspruch zu nehmen? Habe ich ein Recht darauf, das Glück, dieses Fickloch zu genießen, anderen Männern zu verwehren? Ja, sie ist meine Frau. Gewiß. Wer bin ich, daß ich dieses Glück egoistisch für mich behalten und anderen vorenthalten darf? Daß ich sie liebe? Ist das ein Argument? Oder daß sie mich liebt? Darf man Schätze im Keller oder im Tresor verstecken? Darf man Kunstwerke einmotten und niemandem erlauben, sie zu sehen, sie zu genießen? Denn das, was da

vor meinen Augen lag, war ein Kunstwerk! Ein Kunstwerk der Natur, wie diese Erde noch kein anderes hervorgebracht hat.

Gehören Kunstwerke nicht in das Museum, wo sie jedem zugänglich sind, damit sie jeder bewundern kann? Sollte man auch dieses Wunder hier nicht der ganzen Welt zeigen? ‚Schaut her, Leute! Habt ihr schon so was Schönes gesehen? Diese Perlenmuschel gehört mir! Nur mir!'

Aber – was würde Bella dazu sagen? Gewiß, sie beteuerte unzählige Male, daß sie nur mich liebt, daß sie außer mir niemanden braucht, niemanden haben will. Ist es wirklich so? Oder bringt sie mir damit nur ein Opfer? Ein Opfer der Liebe?

Und wenn sie es heute so meint und so fühlt und glaubt, wird es immer so bleiben? Wird ihr, die sie ja gewöhnt war, mit vielen verschiedenen Männern zu schlafen, unser häusliches Einerlei nicht einmal langweilig vorkommen? Wird in ihr nicht der Wunsch keimen, außer den meinen einmal auch einen anderen Schwanz zu spüren, ihn in ihrer Fotze zu genießen?

Was mache ich dann, wenn es soweit kommen sollte? Kann und darf ich sie dann zurückhalten, sie zu einem Leben zwingen, das gar nicht ihrer Natur entspricht? Darf ich ihr die Freuden, an die sie eigentlich ihr Leben lang gewöhnt war, vorenthalten? Würde ich die Kraft haben, ihr zu erlauben, mit anderen Männern zu schlafen? Sich von anderen Kerlen ficken zu lassen?

Wäre ich dazu überhaupt fähig? Könnte ich es er-

tragen, sie mit anderen Kerlen zu teilen?

Ich spürte Bellas Hand auf meinem Kopf. Sie schlief nicht mehr. Ich leckte ihre Schamlippen und ihren Kitzler schon eine ganze Weile, und sie reagierte darauf damit, daß sie ihren Becken rhythmisch hob, um meiner Zunge entgegenzukommen. Sie fickte meinen Mund, und ich fickte ihre Fotze mit meinem Mund.

Könnte ich es ertragen, daß sie mich betrügt? Vor meinem geistigen Auge sah ich plötzlich, wie sie in den Armen eines Fremden liegt, wie der seinen drekkigen, verfluchten Pimmel in ihre Fotze stößt und wie sie mitfickt, wie sie die Stöße erwidert.

Und in diesem Moment wurde mein Schwanz so hart wie vielleicht noch nie in meinem Leben. Ich war mit einem Sprung über Bellas Körper, und mein Pimmel glitt mit einem Schlag tief in ihre Scheide. Fast im gleichem Moment begann ich zu spritzen, und ich hatte einen Orgasmus, wie ich ihn noch nie zuvor erlebt hatte. Ich brach röchelnd über Bellas Körper zusammen.

»Was ist mit dir, mein Liebling?« fragte sie. »Hast du was geträumt?«

»Ja«, konnte ich nur flüstern, »ich hatte einen Alptraum!«

»Was hast du denn geträumt, mein Liebling?« fragte Bella.

»Ach, ich weiß nicht«, erwiderte ich, »ich kann mich gar nicht mehr erinnern.«

Ich konnte ihr doch nicht sagen, daß ich mich vor-

gestellt habe, wie sie von einem anderen Mann gefickt wird, und daß ich dadurch so erregt wurde wie vielleicht noch nie zuvor!

Ich hätte den Gedanken nicht zu Ende denken dürfen, denn als in mir das Bild erneut erschien, Bella fickend in den Armen eines anderen Mannes zu sehen, sprang mein Schwanz sofort in die Höhe. Obwohl ich vor kaum einer Minute abgespritzt hatte, wurde er wieder steinhart. Ich konnte nicht anders, ich mußte ihn ihr wieder reinstecken und begann, sie erneut zu ficken. Diesmal fickten wir lange, und Bella genoß es sehr.

»Das muß ein sehr schöner Traum gewesen sein«, sagte sie dann nur.

Ich schwieg.

»Aha!«

XII

Wir waren schon etwa drei Monate verheiratet, als eines Tages das Telefon klingelte. Frank war am anderen Ende.

»Ich muß dich sprechen«, sagte er.

»Dann komm doch vorbei«, bat ich ihn.

»Das geht nicht«, klang es aus dem Hörer.

»Warum nicht?« wunderte ich mich.

»Ach, es ist mir peinlich«, sagte Frank am Telefon. »Ich habe erfahren, du hast geheiratet.«

»Na und?«

»Ja, aber du hast Bella geheiratet!«

»Natürlich! Du kennst sie ja. Hast du vielleicht Angst vor ihr?«

»Das gerade nicht ...«, Franks Stimme wurde zögernd, »aber du weißt ja, ich habe doch auch mit ihr ... na, du weißt schon! Ich möchte nicht, daß es euch peinlich wird, wenn ich da auftauche ... und so.«

»Du bist ein Arschloch!« sagte ich aus voller Überzeugung. »Was ist dabei? Eigentlich müßte ich dir ja dankbar sein, denn dir habe ich es zu verdanken, daß ich meine Frau kennengelernt habe. Und Bella würde sich bestimmt auch freuen, dich wiederzusehen.«

»Das glaube ich eben nicht«, sagte Frank. »Du weißt, wie die Frauen sind! Sie wollen ihren Mann nicht mit jemanden, mit dem – was sollen wir um den

heißen Brei herumreden, wir kennen uns ja gut, wir sind ja Freunde, – mit dem sie gefickt haben, konfrontieren.«

»Blödsinn«, sagte ich.

In dem Moment betrat Bella das Zimmer.

»Du Schatz«, wandte ich mich an sie, »weißt du, wer am Telefon ist? Frank!«

Zum ersten Mal sah ich Bella erröten. ‚Nanu‘, dachte ich, ‚sollte Frank doch recht haben?‘

»Ich bat ihn, uns zu besuchen. Wir könnten zusammen zu Abend essen, wenn du Lust hast, uns mit deinen Kochkünsten zu erfreuen. Was meinst du?«

Bella antwortete ganz schlicht: »Wenn du meinst, dann ist's gut.«

»Na siehst du«, sagte ich zu Frank, »sie macht uns ein schönes Abendessen. Um acht Uhr abends erwarten wir dich!« fügte ich noch schnell hinzu und legte den Hörer auf, damit Frank nicht absagen konnte.

Bella kehrte schweigend in die Küche zurück. Es verging etwa eine Stunde, ohne daß sie auch nur ein einziges Wort zu mir gesagt hätte. Ich nahm an, sie sei mit ihrer Hausarbeit beschäftigt. Doch dann begann es, in meinem Gehirn zu rumoren: Habe ich nicht soeben einen großen Fehler gemacht? Ist Bella schon so gefestigt, daß ihr der Besuch eines ehemaligen Liebhabers nichts mehr ausmachen wird? Oder hätte ich dieses Wiedersehen doch lieber vermeiden sollen? Wie wird Bella auf Frank wirken? Er ist in sie nicht verliebt, er war mit ihr schon im Bett, einen großen Eindruck wird sie auf ihn nicht machen. Sicher, Bella

ist schön, Bella ist reizvoll, vielleicht wird er sich an die schöne Stunden – na, sagen wir lieber Minuten – mit ihr erinnern. So wie ich an die schönen Stunden mit den Frauen, die ich bisher geliebt habe, zurückdenke, ohne die Vergangenheit wieder aufleben lassen zu wollen.

Na ja, ich hätte nie nein gesagt, wenn mich eine ehemalige Bettgenossin zu einer Wiederholung aufgefordert hätte. Sicherlich wird auch Frank einen Steifen bekommen, wenn sich Bella einigermaßen zurechtmacht. Hoffentlich wird sie sich nicht allzu sexy kleiden.

Aber wie wird Bella auf Franks Nähe reagieren? Sie liebt mich, da bin ich sicher, aber das Fleisch ist schwach. Wird ihr Fötzchen nicht jucken, wenn sie eventuell eine Ausbuchtung an Franks Hose erblickt? Wird ihr Fötzchen nicht naß vor Verlangen? Denn Liebe und Libido sind zwei verschiedene Sachen.

Ich war schon drauf und dran, den Hörer zu nehmen und die Einladung abzusagen. Da merkte ich etwas, was mich stutzig machte: Mein Schwanz stand! Nein, er stand nicht einfach, er war steinhart! Allein der Gedanke, daß Bella auf Frank geil werden könnte, machte mich geil.

Nanu, sagte ich mir, am Ende möchte ich noch, daß sie von Frank gevögelt wird? Nein, das nicht! Auf keinen Fall! Nein, dazu wird es auch nicht kommen. Weder Bella noch Frank würde es wagen, daran auch nur im Entferntesten zu denken. Nur ich bin ein solcher Idiot (oder ein Schwein), daß ich mich mit solchen

miesen Gedanken beschäftige.

Ich ging in die Küche. Bella war in ihre Arbeit vertieft. Ich nahm sie in meine Arme.

»Du, Schatz, hoffentlich nimmst du mir es nicht übel, daß ich Frank eingeladen habe? Wenn du willst, sage ich ihm ab.«

»Nein, mir macht es nichts aus«, antwortete Bella, doch ihre Stimme klang irgendwie tiefer und gedämpfter als sonst – zumindest hatte ich diesen Eindruck.

»Du warst mit ihm im Bett, noch bevor du mich kennengelernt hast«, fuhr ich fort. »Wird er in dir keine Gefühle wecken?«

»Bestimmt nicht«, sagte Bella, »ich liebe doch dich.« Dann nach einer Weile sagte sie noch: »Wenn in mir jeder Mann, mit dem ich schon im Bett war, Gefühle wecken könnte, wäre ich Tag und Nacht in ständiger Erregung!« Und sie versuchte dabei zu lächeln.

Der Teufel regierte in meinem Schwanz, denn er wurde von Minute zu Minute härter. Und dieser Teufel zwang mich, weiter zu sprechen: »Aber du hast gesagt, daß du ihn magst. Du hast gesagt, daß er gut fickt!«

»Ja, das stimmt«, sagte Bella, »er war ganz nett. Aber er hat nicht so auf mich gewirkt wie du. Ihn fand ich nett, er hat auch gut gefickt, aber dich liebe ich über alles, und mit keinem könnte ich das Ficken so genießen wie mit dir!«

Ich küßte sie auf den Mund. Sie steckte mir ihre Zunge zwischen die Lippen. Ich hielt sie umarmt,

94

meine Hand glitt auf ihrem Rücken nach unten und landete auf ihrem Hintern. Ich griff unter ihren kurzen Rock. Sie hatte – wie gewöhnlich – kein Höschen an, so daß meine Hand auf ihrem seidigen, nackten Arsch landete. Sie drückte sich an mich. Meine Hand glitt nach vorne, und ich erfaßte ihre Muschi. Sie war naß!

»Scheinbar läßt dich Franks Besuch doch nicht so kalt, wie du vorgibst. Deine Fotze ist klitschnaß!«

»Das hat mit Frank nichts zu tun«, sagte Bella, aber sie lehnte ihren Kopf an meine Brust, so daß ich ihr nicht in die Augen sehen konnte. »Dein Schwanz steht, und das spüre ich«, sagte sie dann.

»Das heißt, du möchtest nicht mit Frank ficken?« fragte ich sie direkt.

»Natürlich nicht«, sagte Bella, »ich liebe dich und ich will dich nicht betrügen!«

»Das ist gut so«, werkelte in mir der Teufel weiter, »aber wenn ich es dir erlauben würde, wäre das kein Betrug!«

»Du würdest mir das erlauben? Du willst, daß ich mich von Frank ficken lasse?«

Bella schaute mich ungläubig und mit großen, fragenden Augen an.

»Nein, es geht nicht darum, ob ich es will«, sagte ich, »eher darum, ob du es gerne möchtest.«

»Ich habe dich, und ich brauche keinen anderen«, sagte Bella.

»Heißt das, daß du es nicht genießen würdest, wenn dich Frank ficken würde? Oder wäre dir das

vielleicht unangenehm?«

Bella war immer aufrecht, ehrlich und offen. So sagte sie jetzt wahrheitsgemäß: »Unangenehm wäre das nicht. Es ist immer schön, wenn man gefickt wird. Er war im Bett wirklich gut. Nicht so gut wie du, aber es war angenehm, seinen Schwanz in mir zu fühlen. Aber ich habe dich, und das reicht mir!«

»Aber genießen würdest du den Fick mit ihm doch?« quälte ich sie weiter. In Wirklichkeit quälte ich mich selbst.

»Sicher«, sagte Bella, »aber ich brauche es nicht!«

Ich spürte in meiner Hand, daß ihre Fotze eine Überschwemmung hatte.

»Und wenn ich es dir sagen würde, daß du mit ihm ficken sollst?« fragte ich.

Bellas Säfte tropften durch meine Finger.

»Dann würde ich es tun«, sagte sie. »Wenn es für dich gut ist, dann würde ich es tun!«

»Und du würdest es genießen?«

»Ja, ich würde es genießen!«

Es entstand eine Stille. Dann schaute mich Bella fragend an.

»Willst du, daß ich mich von ihm ficken lasse?«

Ich dachte, mein Schwanz explodiert.

»Es geht nicht darum, ob ich es will! Es geht darum, ob du es möchtest! Willst du mit ihm ficken oder nicht?«

Bella antwortete nicht.

»Weißt du was?« sagte ich. »Überlassen wir es dem Zufall. Vielleicht möchte er dich nicht mehr. Wer

weiß? Wir werden sehen, ob du dann, wenn er da ist, Lust hast, mit ihm ins Bett zu gehen oder nicht.«

Bella schaute mich an.

»Liebst du mich nicht mehr?«

»Das ist es eben«, antwortete ich, »daß ich dich mehr liebe als mein Leben!«

Ich ging in ein anderes Zimmer. ,Ich bin ein Arschloch', dachte ich. Warum spiele ich mit diesen Gedanken? Will ich wirklich, daß Bella von Frank gefickt wird? Nein, das will ich auf keinen Fall, sagte ich mir, aber mein Schwanz versteifte sich wieder. Ich spürte, daß meine Unterhose von den aus meiner Schwanzspitze sickernden Tropfen naß wurde.

Frank kam elegant angezogen an, er brachte einen Blumenstrauß mit. Keine roten Rosen, einen gemischten Strauß, wie man ihn der Frau eines Freundes überreicht.

Es entstand eine kurze Stille, als er eintrat. Ich hatte schon befürchtet, daß er Bella vertraut und kumpelhaft begrüßen würde. Aber er war ganz Gentleman. Er sagte nur guten Abend, überreichte ihr den Strauß, und als ihm Bella die Hand reichte, gab er ihr einen Handkuß.

Ich schaute beide abwechselnd an. Offensichtlich waren beide etwas verlegen. Bellas Wangen schienen zu glühen. Es entstand eine kurze Stille, keiner wußte, was er sagen sollte. Dann löste ich die Stille: »Komm doch weiter. Komm, setz dich.«

Frank setzte sich. Bella ging schweigend in die Kü-

che. Erst jetzt habe ich bemerkt, daß sie sich sehr schick gemacht hatte. Das dünne, dunkle Seidenkleid, das sie trug, zeigte ihre Figur deutlich. Als ich sie von hinten betrachtete, sah ich, daß sich ihre Arschbakken deutlich unter dem transparenten Stoff abzeichneten. Mein Schwanz stand wieder, und ich versuchte, ihn möglichst unbemerkt auf die Seite zu legen, damit man die Beule an meiner Hose nicht sehen konnte.

Als wir alleine waren, schaute ich Frank an. Ich sah, daß er immer noch in die Richtung schaute, in die Bella verschwand. In seinem Gesicht war eine gewisse Spannung zu erkennen.

»Du sagtest, du möchtest mit mir sprechen«, brach ich die Stille. »Hast du irgendwelche Probleme? Kann ich dir irgendwie helfen?«

»Ja, ich habe Probleme«, sagte Frank, »und zwar mit meiner Frau. Sie hat mich mit einem Mädchen erwischt und jetzt hängt der Haussegen schief. Sie will, daß...«

Er konnte nicht weitersprechen, Bella kam zurück. Sie brachte Whiskey und goß uns ein. Mir schien, daß ihr Arm dabei kurz Franks Oberarm berührte.

Das Feuer der Eifersucht loderte in mir auf, doch dann rief ich mich zur Vernunft. Wahrscheinlich war es nur ein Zufall. Bella setzte sich neben mich. Aus den Augenwinkeln habe ich sie beobachtet, und es schien mir, daß sie sich nicht traute, Frank anzuschauen.

Wir tranken, dann stand sie auf und ging erneut in

98

die Küche. Auch diesmal schaute ihr Frank nach.

»Ich erkenne sie kaum wieder«, sagte er dann plötzlich. »Sie ist so anders geworden. So ernst. So solide. So reif. Aber sie ist vielleicht noch schöner als damals!«

»Ja, das ist sie«, sagte ich.

Dann unterhielten wir uns über Franks Frau. Sie wollte, wie mir mein Freund erzählte, die selben Rechte haben wie ihr Mann. Da es sich herausgestellt hatte, daß Frank sie mehrmals betrogen hatte, aber sie die Scheidung nicht wollte, verlangte sie, daß sie auch ab und zu einen Liebhaber empfangen darf. Und das wollte Frank natürlich nicht.

»Es würde mich nicht stören«, sagte er, »wenn sie auch mal mit einem anderen Mann ficken würde, dann hätte auch ich die volle Freiheit. Aber bitte nicht getrennt. Ich muß doch kontrollieren, mit wem sie ins Bett steigt. So ein Trio oder vielleicht ein flotter Vierer, würde schon in meine Pläne passen. Aber daß sie alleine mit irgendeinem Kerl fickt, das möchte ich nicht. Natürlich dachte ich daran«, fuhr Frank fort, »daß vielleicht du bei einem Trio mitmachen könntest. Aber wie ich sehe, seid ihr verliebt und miteinander glücklich, so kommt es leider nicht in Frage.«

Ich dachte für einen Moment nach. Es wäre nicht schlecht gewesen, früher. Aber mit Bella? Oder …? Ich wollte den Gedanken nicht zu Ende denken.

Dann plötzlich kam mir ein Gedanke, und ich stand auf und ging in die Küche. Bella saß am Küchentisch und starrte vor sich hin.

»Warum sitzt du hier alleine?« fragte ich.

Bellas Gesicht glühte.

Ich schaute sie fragend an. Ich sah in ihrem Gesicht, daß sie etwas sagen, etwas fragen wollte. Aber sie schwieg. Sie nickte nur stumm mit dem Kopf. Da wußte ich, daß sie sich entschieden hatte, mit Frank zu ficken. Ich ging zu ihr und griff ihr unter das Kleid. Ein Höschen hatte sie nicht an. Ihre Fotze tropfte förmlich.

»Bist du so geil auf ihn?« fragte ich.

Sie antwortete mit einer Gegenfrage: »Hast du es nicht gesehen? Er hatte einen riesigen Ständer!«

»Also willst du dich von ihm ficken lassen?« kam es gedämpft aus meiner Kehle.

»Könntest du mich danach noch lieben?« fragte sie zurück.

Ich nahm sie in die Arme und küßte sie auf den Mund.

»Ich liebe dich doch«, flüsterte ich ihr zu. »Ich will nur, daß du glücklich bist.«

Mein Schwanz war steinhart. Ich mußte ihn, so vor Bellas Augen, in meiner Hose zurechtrücken.

»Macht es dich so geil, daß er mich ficken soll?«

Ich antwortete nicht, sondern ging zurück zu Frank. Dort stellte ich Frank offen die Frage: »Willst du sie ficken?«

Frank schaute mich erstaunt an.

»Machst du Scherze?«

»Nein, ich meine es ernst. Möchtest du sie ficken oder nicht?«

Ich sah, daß Frank sich in seiner Haut sehr unwohl fühlte. Er rutschte auf dem Stuhl, auf dem er saß, nervös hin und her. Dann kam er mit einer Gegenfrage: »Was sagt sie dazu?«

Antwortet heute jeder auf eine Frage mit einer Gegenfrage, fragte ich mich. Warum kann weder Bella noch Frank eine klare Antwort geben?

»Sie wäre damit einverstanden«, sagte ich.

»Und du?« Frank schaute mich an. »Würde dich das nicht stören?«

Die Antwort, die ich ihm gab, war nicht ganz ehrlich. Aber ich mußte so sprechen, wie ich es tat: »Schau mal, Frank, du hast sie schon gefickt, du bist kein Fremder. Und du selbst sagtest, daß es dich nicht stören würde, wenn deine Frau mit mir ins Bett geht. Nun, meine Situation ist ähnlich wie die deine. Auch ich möchte mir einige Freiheiten erkämpfen, deshalb würde es mich überhaupt nicht stören, wenn du Bella noch einmal ficken würdest.«

In Wirklichkeit spielte sich in mir ein Kampf ab. Ich wollte überhaupt keine Freiheiten für mich erkämpfen. Ich war auf Bella rasend eifersüchtig, und gleichzeitig machte mich der Gedanke, daß ein anderer seinen Schwanz in sie reinsteckt, unheimlich geil. Und da Frank für sie kein Fremder mehr war und ich wußte, daß er sie mir nicht wegnehmen würde, warum sollte nicht er derjenige sein, der diesen geheimen Wunsch erfüllt?

»Wie soll das ablaufen?«

Frank schaute mich fragend an.

»Lassen wir die Dinge einfach geschehen, wie sie kommen. Es ist besser, nichts im voraus zu planen, meistens kommt es dann anders. Warten wir ab, wie sich die Situation entwickelt.«

Bella trat ein. Sie deckte den Tisch, dann trug sie das Essen auf. Ich beobachtete sie. Sie vermied es, Frank anzuschauen. Ich fragte mich, ob sie es sich anders überlegt hat.

Das Essen verlief fast schweigend. Es lag eine Spannung in der Luft, und keiner von uns wußte, wie man sie auflösen konnte. Das Essen war hervorragend, Bella hat eine Meisterleistung vollbracht. Auch der Wein war sehr gut, und ich hoffte, daß ein paar Schlückchen die Stimmung endlich ein wenig auflockern würden.

Doch sie lockerte sich nicht. Es war eine deutliche Spannung zu spüren. Es war fast wie eine Totenmesse. Keiner schaute den anderen an, alle hatten ihre Blicke auf die leeren Teller und Terrinen gerichtet.

In meinem Kopf drehte es sich wie ein Karussell. Meine Gedanken – und meine Gefühle – drehten sich im Kreise: Was geht jetzt im Inneren der beiden vor? Woran denkt Frank? Denkt er an Bella? Denkt er an die Zeit, als er sie fickte? Oder denkt er daran, wie er sie heute ficken wird? Steht sein Schwanz? Ist er auf sie geil? Was denkt er jetzt über mich? Hält er mich für einen Trottel, dessen Frau er durchficken wird, oder hält er mich für einen guten Freund, der ihm das Vergnügen mit seiner Frau erlaubt?

Und was geht wohl in Bellas Kopf vor? Ist sie geil

auf Frank? Denkt sie an seinen Pimmel? Wahrscheinlich kann sie kaum erwarten, ihn in ihrer Möse zu spüren! Ist ihre Fotze feucht? Bestimmt könnte man ihr Höschen auswringen, wenn sie eins anhätte! Aber sie hat kein Höschen an. Ihre Fotze ist frei zugänglich, man braucht nur zuzugreifen.

Das Gespenstische an der Sache war, daß wir alle drei ganz manierlich aßen, wie es in guter Gesellschaft üblich ist. Keine Hand zitterte, keiner griff daneben, wenn er das Glas zu seinen Lippen heben wollte. Nur im Inneren, im Kopf und im Unterleib tobten tausend Gewitter.

Ich überlegte, wie ich die ganze Sache rückgängig machen könnte. ‚Es ist ein Wahnsinn‘, dachte ich, ‚meine Frau einem anderen Mann anzubieten. Auch wenn er sie bereits gevögelt hatte. Das ist Vergangenheit. Jetzt ist sie meine Frau, sie ist für jeden anderen Mann tabu! Nein, ich werde es nicht zulassen, daß die beiden miteinander ins Bett steigen. Ich werde es verhindern. Nein, ich …‘

Da merkte ich etwas. Ich erkannte aus den Augenwinkeln deutlich, daß Bella ihren Fuß aus dem Schuh gezogen hatte und mit ihren Zehen jetzt Franks Bein streichelte. Genauso, wie sie es mit mir im Restaurant gemacht hat. Ich konnte mich an das Gefühl noch gut erinnern, auch daran, daß mein Schwanz damals mächtig anschwoll und ich unheimlich erregt wurde.

Sicherlich versteifte sich auch Franks Schwanz unter dieser Liebkosung, sicherlich hatte er eine mächtige Latte. Obwohl ich nichts sehen konnte, spürte ich,

daß Bella hin und wieder einen verstohlenen Blick auf Franks Schoß warf und daß sie heftig errötete. Heute bereits zum zweiten Mal. Meine Bella, der noch keine Perversion die Schamröte ins Gesicht treiben konnte, diese meine Bella hatte jetzt ein puterrotes Gesicht.

Aber auch Franks Kopf war rot. Ich wußte, sein Pimmel ist in diesem Moment zum Bersten gespannt. Und gleichzeitig spürte ich, daß auch mein Schwanz sich unheimlich versteifte!

Und in diesem Moment ging in mir eine Veränderung vor. Die von der Eifersucht verursachte Spannung wich jetzt einer anderen Erregung: Ich wollte in diesem Moment, daß es passiert! Daß die beiden miteinander ficken, direkt vor meinen Augen. Dieser Wunsch war so intensiv, meine Erregung so groß, daß ich ernsthaft befürchten mußte, in der Hose abzuspritzen!

Liebend gerne hätte ich mich jetzt unter den Tisch verkrochen, um zuzuschauen, was da unten geschieht. Ob Bella ihre Knie zusammendrückt, wie sie es immer tat, wenn sie geil war? Oder ob sie ihre Beine spreizt und mit ihrer Hand an ihrem Geschlecht manipuliert? Nein, sie hatte beide Hände auf dem Tisch. Aber mir fiel auf, daß Frank nur mit der linken Hand aß, in der er die Gabel hielt. Seine andere Hand war nicht zu sehen, sie befand sich nicht auf dem Tisch!

Ich ließ meine Serviette absichtlich fallen, und blitzschnell bückte ich mich, um sie aufzuheben. Ich

104

hatte nur einen Bruchteil einer Sekunde unter den Tisch sehen können, doch es reichte, um zu erkennen, daß sich Franks Hand auf Bellas Schenkel befand.

Die beiden schreckten auf, als sie sahen, daß ich mich bückte, doch ich richtete mich mit einem ruhigen und entspannten Gesicht wieder auf. Ich hätte mich wegen meiner Schauspielkunst selbst loben können, denn sie haben tatsächlich geglaubt, daß ich nichts bemerkt habe. Ich sah jedoch deutlich, daß Bella nach einem anfänglichen Schreck versuchte, Franks Hand wegzuschieben.

Die Spannung in meiner Hose wurde unerträglich. Was wird unter dem Tisch noch geschehen? Geht Frank soweit, daß er Bella zwischen die Beine greift und ihre Muschi anfaßt? Und Bella? Ob sie sich wohl mit einem Griff vergewissern wird, wie hart der Pimmel in Franks Hose ist? Wird sie ihr Bein gegen Franks Bein drücken? Vielleicht holt sie sogar seinen Schwanz aus der Hose?

Ich hielt es nicht länger aus. Ich rückte meinen Stuhl etwas weiter zur Seite, so daß die beiden nicht sehen konnten, was in meinem Schoß geschieht. Entgegen meinen üblichen Eßmanieren schnitt ich das Fleisch in kleine Stücke und aß dann nur mit einer Hand, und zwar mit der rechten. Die Finger meiner linken Hand öffneten langsam die Knöpfe an meiner Hose, ganz langsam, damit die Bewegung der Hand nicht auffällt, und ich holte meinen gestreßten und vor Spannung bereits schmerzenden Schwanz heraus. Ich streichelte ihn langsam, und ich erlebte dabei ei-

ne Lust, die mir bisher fremd war, aber die ich in diesem Moment sehr genußvoll fand.

Bella stand plötzlich auf, um etwas aus der Küche zu holen, und ich merkte, daß sie beim Aufstehen ihr Kleid zurechtrückte. Aha, dachte ich, Frank war schon mit seiner Hand unter ihrem Kleid. Ob er wohl nur ihre Schenkel streichelte oder sogar ihre Fotze berührte? Gerne hätte ich gesehen, wie seine Hose aussieht, wenn er aufsteht. Ist sie sehr ausgebeult? Zeichnet sich sein Schwanz deutlich unter dem Stoff ab? Oder steht bereits sein Hosenstall offen?

Als Bella aufstand, konnte ich schnell noch meine Serviette auf meinen Schoß werfen und damit meinen entblößten Schwanz bedecken. Bella warf im Vorbeigehen einen Blick auf meinen Schoß. Ob sie wohl etwas bemerkt hatte? Was dachte sie wohl dabei?

Sie kehrte mit dem Nachtisch aus der Küche zurück. Ich verstaute meinen Schwanz inzwischen in die Hose und füllte die Gläser nach. Wir hatten bereits ziemlich viel getrunken. Nein, wir waren nicht betrunken, aber so ganz nüchtern waren wir auch nicht.

Bella setzte sich, aber keiner von uns hat den Nachtisch angerührt. Wir saßen nur schweigend da, und keiner wußte, was er sagen sollte. Da hob ich mein Glas und sagte: »Auf unsere Freundschaft!«

Wir prosteten einander zu, dann legte sich die betretene Stille wieder über uns.

Ich hielt es nicht mehr länger aus. Ich rückte meinen Stuhl nach hinten, stand auf, hob mein Glas und sagte: »Auf einen schönen Abend!« Und dann: »Auf ei-

ne schöne Nacht!« Ich schaute Bella an und sagte: »Bella, mein Schatz, du kennst Frank schon länger; du hast ihn sogar eher gekannt als mich. Du hast mit ihm sogar schon ein paarmal geschlafen. Nun, Frank möchte dich heute abend ficken. Wenn du nichts dagegen hast ...«

Bella schaute mich fragend an. In ihren Augen stand die Frage: »Darf ich wirklich?« Ich nickte. Da rückte Bella ihren Stuhl ganz nahe an Frank heran und bot ihm ihren Mund an. Und Frank ließ sich nicht bitten. Er umarmte Bella und drückte ihr einen langen Kuß auf den Mund. Deutlich sah ich das Spiel ihrer Zungen.

Dann befreite sich Bella aus der Umarmung und sagte mit heiserer Stimme: »Ich räume den Tisch ab.«

Doch ich ließ es nicht zu.

»Laß den Tisch jetzt, mein Schatz. Gehen wir zum Couchtisch, da läßt es sich bequemer sitzen.«

Ich dirigierte die beiden zur großen Couch, auf die sie sich dicht nebeneinander setzten, während ich auf der anderen Seite des niedrigen Tisches in einem bequemen Sessel Platz nahm. Von dort konnte ich die beiden genau beobachten.

Da wiederholte sich die vorherige Szene, die beiden küßten sich wieder leidenschaftlich. Dabei sah ich auch, wie sehr Franks Hose ausgebeult war. Seine Hand umfaßte Bellas Brust, und es dauerte nicht lange, bis er sie entblößt hatte. Er knetete jetzt ihre aus dem Kleid hervorquellende Brust, während seine Zunge in ihrem Mund wütete.

Bellas Hand tastete sich zu Franks Gürtel vor, sie öffnete mit geübten Fingern die Schnalle und zog den Reißverschluß herunter. Ihre Hand griff durch den Schlitz und holte Franks Pimmel aus der Hose. Der war mächtig groß, ganz geschwollen und blutrot. Durch die Erektion war seine Vorhaut ganz nach hinten gezogen, und seine Eichel, die wie ein Pilz aussah, lag ganz frei. Bellas Hand streichelte seinen Schaft und schob seine Haut hin und her, was Frank verhalten aufstöhnen ließ.

Dann unterbrach Bella den Kuß und schaute mich an. In ihren Augen lag wieder die eine Frage. Ich nickte nur stumm, zu sprechen wäre ich nicht fähig gewesen. Da beugte sich Bella nach vorne und nahm Franks Eichel in den Mund. Ich sah, wie sich ihre Lippen öffneten und sich über diesen Pilz zu stülpten. Dann ließ sie den Schwanz aus dem Mund und leckte die Eichel und die Furche darunter mit ihrer Zunge.

Frank lehnte sich ganz nach hinten und schloß die Augen. Er stöhnte leise und im Rhythmus von Bellas Bewegungen. Sie verwöhnte seinen Pimmel mit Routine. Sie saugte ihn fast völlig in ihren Mund, und dann bewegte sie ihren Kopf auf und ab. Frank stöhnte ganz laut. Auch Bella war außer sich.

Ich weiß nicht, wann ich meinen Schwanz herausgeholt habe. Es wurde mir jedoch plötzlich bewußt, daß ich ihn in meiner Faust hielt und langsam streichelte. Nein, ich habe nicht gewichst, ich habe ihn nur gestreichelt, sonst hätte ich die Spannung nicht ausgehalten und nicht ertragen können. Tausend Blitze

durchzuckten mein Zepter, während ich dem geilen Paar zuschaute.

Dann schob Frank Bella von sich und ließ sie nach hinten in die Kissen fallen. Sie lag jetzt auf der Couch. Frank öffnete ihre Beine und schob ihr Kleid, das ohnehin ziemlich hochgerutscht war, ganz hoch. Bellas Unterkörper wurde dadurch völlig entblößt. Eine ihrer Brüste lag frei, und zwischen ihren gespreizten Beinen klaffte ihre Fotze, die vor Nässe schimmerte. Ihre Schamlippen waren mächtig geschwollen.

Frank warf sich auf ihre Fotze und begann, sie zu lecken. Bella stieß einen kleinen Lustschrei aus, und in diesem Moment ging es bei mir los. Mein Sperma trat aus meinem Schwanz ganz von selbst heraus und floß in Strömen über meine Finger. Ich stöhnte laut auf. Bella wandte mir ihren Kopf zu und sah, was mit mir geschah. Sie lächelte mich an.

Ich sprang auf und lief ins Badezimmer, wo ich mich säuberte, dann kehrte ich in das Zimmer zurück. Frank lag jetzt über Bella und fickte sie. Ich ging ganz nahe heran, mein Kopf war keine zwanzig Zentimeter von den fickenden Geschlechtsorganen des geilen Paares entfernt. Es war mir ein Bedürfnis, aus nächster Nähe zu sehen, wie sich der Schwanz meines Freundes in der Fotze meiner Frau hin und her bewegte. Es erregte mich ungemein. Mein Schwanz war noch geschwollen, obwohl ich soeben abgespritzt hatte. Jetzt wurde er wieder zusehends steinhart. Und während ich den dicken Kolben betrachtete, der dampfend in die Fotze meiner geliebten Bella stieß,

begann ich diesmal, richtig zu wichsen.

Bella streckte ihre Hand nach mir aus; in ihren Auge stand: Komm zu mir. Sie erfaßte meinen Schwanz und zog ihn zu ihrem Mund. Ich hielt mich erst zurück und küßte ihre Lippen, die vor kurzem den Pimmel eines anderen Mannes umschmeichelten. Sie stieß ihre Zunge in meinen Mund. Dann zog sie meinen Pimmel noch näher an sich und nahm ihn in den Mund. Sie lutschte und wichste ihn mit einer Hand. Frank konnte dieses Schauspiel aus nächster Nähe verfolgen.

Dann begann Bella zu schreien und mit ihrem Bekken wild zu stoßen. Ihre Stimme kam nur noch gedämpft aus ihrem Munde, in dem mein Schwanz steckte. Ich wußte, sie erlebte jetzt einen riesigen Orgasmus. Kurz darauf begann auch Frank zu röcheln, und ich erkannte an seinen heftigen Stößen, daß er auch gekommen war. Dann zog er seinen erschlafften Schwanz aus Bellas Fotze und lehnte sich zurück.

Bella bearbeitete nun meinen Schwanz mit voller Hingabe. Sie mußte sich nicht lange bemühen. Mein Schwanz begann zu spritzen, und ich füllte Bellas Mund und Kehle mit meinem Samen. Dann sank auch ich nach hinten. Ich setzte mich auf den Teppich, Bella hielt meine Hand fest. Wir alle drei waren erschöpft.

Es mußte so kommen. Alle Anzeichen deuteten darauf hin. Micky tat das, was viele Selbstmörder tun, ohne sterben zu wollen: Aus purer Angst, von einem

Auto überfahren zu werden, laufen sie unter ein Automobil. Er liebte seine Frau, er war auf sie eifersüchtig. Nicht auf ihre Vergangenheit, das konnte er sowieso nicht ändern. Aber er wollte sie für sich behalten. Er hatte Angst, daß jemand anderer sie besitzen könnte, und er trieb sie direkt dazu.

Es ist beim Menschen doch so: Der Unsicherheitsfaktor ist eine große Last. Wer eine Krebsuntersuchung durchgemacht hat, erlebt Todesängste, bevor er das Ergebnis erfährt. Wenn er dann erfährt, daß er tatsächlich Krebs hat, fühlt er sich sogar irgendwie erleichtert. Jetzt weiß er es. Es geschieht vieles nach dem Motto: Lieber ein Ende mit Schrecken, als ein Schrecken ohne Ende.

So war es auch bei Micky. Jetzt mußte er nicht befürchten, daß ein anderer seine Frau ficken würde. Jetzt ist es geschehen, die Gewißheit ist da. Daß er dabei geil wurde und es im Endeffekt auch genießen konnte, ist nicht so verwunderlich, wie es erscheint. Er war Zeuge eines Geschlechtsaktes, was immer und auf jeden Mann stimulierend wirkt, sogar dann noch, wenn man ihn nur in einem Film sieht. Aber wieviel stimulierender ist es, wenn einer der Darsteller eine Person ist, zu der man sich emotionell hingezogen fühlt. Dann wird nicht eine fremde Frau gefickt, die einem gleichgültig ist, sondern die geliebte Person, bei der man genau weiß, was diese in diesem Moment spürt und erlebt. Ihre Erregung verstärkt noch die Stimulation.

Das ist eine clevere Einrichtung der Natur. Wie vie-

le Eifersuchtsmorde werden dadurch verhindert, daß der hintergangene Partner selbst Lustempfindungen hat!

Mal sehen, wie die Geschichte weitergeht...

XIII

Ich weiß nicht mehr, wann Frank weggegangen ist. Ich war zu benommen. Alles, was nach meiner Ejakulation geschah, verschwand einfach aus meinem Gedächtnis. Ich weiß nur, daß wir beide, Bella und ich, dasaßen und nichts sagten. Mein Schwanz ragte noch immer aus meiner Hose und Bellas Kleid war immer noch hochgeworfen. Sie saß breitbeinig da, aus ihrer Spalte sickerte eine weißliche Flüssigkeit, es war wahrscheinlich Franks Sperma.

Ich war der erste, der sich bewegte. Ich griff nach dem Glas, das noch halbvoll auf dem Couchtisch stand, und goß den Inhalt meine Kehle hinunter. Dann ging ich ins Bad und nahm eine Dusche. Während ich mich duschte, sah ich, daß Bella – inzwischen auch ganz nackt – in der Tür stand und mir zuschaute. Sie sagte nichts, und ich sagte auch nichts.

Als ich fertig war, ging ich ins Schlafzimmer und legte mich aufs Bett. Nach ein paar Minuten kam auch Bella. Sie war immer noch nackt. Sie ging nicht zu ihrer Seite des Bettes, sondern stellte sich neben mich und fragte: »Darf ich zu dir kommen?«

Ich ergriff ihre Hand und zog sie zu mir. Überglücklich schmiegte sie sich in meine Arme.

»Verachtest du mich jetzt? Ekelst du dich vor mir?« fragte sie.

Statt einer Antwort nahm ich sie in meine Arme und verschloß ihren Mund mit einem tiefen Zungenkuß. Ihre Zunge empfing die meine und begann mit ihr einen wilden Liebeskampf.

Dann glitt mein Mund über ihren Hals und weiter nach unten, und während ich eine ihrer Brüste mit meiner Hand fest umklammerte, saugte ich mich an der anderen Brustwarze fest. Mit der Zunge bearbeitete ich ihre Zitze, die steil hervorquoll. Bella jauchzte. Sie griff nach unten und wollte meinen Schwanz anfassen, doch ich kroch inzwischen tiefer; ich küßte ihren Bauch und leckte ihren Bauchnabel. Dann begab ich mich noch weiter nach unten. Ich schob ihre Beine auseinander und drückte einen Kuß auf ihre Schamlippen.

»Ich bin sauber«, hörte ich jetzt Bella sagen, »ich habe eine Scheidenspülung gemacht.«

Meine Zunge teilte ihre Schamlippen und drang ganz tief in ihre Vagina, wo sich vor kurzem noch ein fremder Schwanz befand. Ich leckte ihre Fotze, saugte an ihrem Kitzler, und währenddessen umklammerten meine Hände Bellas Arschbacken; meine Finger krallten sich tief in ihr Fleisch. Bella schrie vor Lust.

Dann kehrte ich zu ihrem Mund zurück und küßte sie erneut.

»Ich möchte deinen Schwanz lutschen«, sagte Bella.

Doch ich versank zwischen ihre Schenkel und steckte meinen Schwanz in ihre Fotze. Das Gefühl kann ich nicht beschreiben. Ihre Scheide machte mich auch bis dahin immer sehr glücklich, doch die

114

Lust, die ich jetzt empfand, war unbeschreiblich.

Bella schlang ihre Arme um meinen Hals. Sie schaute mich an. In ihren Augen sah ich Angst und Hoffnung zugleich.

»Ich bin eine Hure, nicht wahr? Verabscheust du mich jetzt? Kannst du mich noch lieben? Verzeih mir, Liebster, ich wollte es nicht. Aber ich bin schwach geworden. Jetzt liebst du mich nicht mehr, nicht wahr?«

»Red kein Unsinn«, hauchte ich, »ich liebe dich noch tausendmal mehr. Ich liebe dich, hörst du? Ich freue mich, daß es für dich schön war. Denn wenn es für dich schön ist, ist es das auch für mich. Denn es war doch schön für dich, nicht wahr?«

»Ja, es war schön!« Bellas Augen lachten jetzt. »Hat es dich geil gemacht zu sehen, wie ich von einem anderen Mann gefickt werde?«

»Und wie!« antwortete ich. »Mein Schwanz hat von alleine gespritzt! Es war schön zu sehen, wie sein Schwanz in dich hineingefahren ist, und wie du deinen Arsch bewegt hast. Es war sehr geil! Hast du es genossen?«

»Ja, sehr!« sagte Bella.

»War es schön, einen anderen Pimmel in deiner Möse zu spüren?«

»Ja, es war irgendwie neu. Es ist immer erregend, einen neuen Schwanz zu spüren, und vor allem, zu fühlen, daß er geil auf mich ist!«

»Aber er war nicht neu für dich«, sagte ich, während ich meinen Pimmel heftig in Bellas Fotze bewegte, »du hast schon früher mit ihm gefickt.«

»Ja, aber damals war er nur ein Schwanz unter vielen«, sagte Bella. »Diesmal war es ganz anders. Diesmal gehöre ich dir und nur dir! Und sein Pimmel war für mich jetzt etwas Unerlaubtes! Etwas Sündiges! Etwas, was eigentlich nicht erlaubt war. Und du weißt, daß gerade die fremden Früchte besonders süß sind.«

»Ja, das weiß ich.« Ich fickte weiter. »War es also schön für dich, mit ihm zu ficken? Hast du es genossen? Ist es dir dabei gekommen? Wie oft bist du gekommen?«

»Ich weiß nicht, aber ein paarmal schon. Auiiiii, jetzt komme ich wieder. Komm, stoß fester!«

Ich fickte sie wie ein Verrückter. Als sich dann Bellas Orgasmus abflachte, fragte ich weiter: »Fühlte sich sein Pimmel in deiner Fotze gut an?«

»Ja!« sagte Bella.

»Und meiner?« wollte ich wissen.

»Deiner ist für mich der beste und der süßeste! Komm, gib ihn mir!«

Bella rutschte blitzschnell unter mir heraus und nahm meinen von ihrem Schleim bedeckten Schwanz in den Mund. Ich mußte aufschreien, als sich ihre Lippen um meine Eichel schlossen und ihre Zunge sie zu lecken begann. Dann mußte ich mich ihr entziehen, damit ich nicht in ihren Mund ejakulierte. Ich wollte den Höhepunkt in ihrer Fotze, in ihrer von einem fremden Pimmel frischgefickten Fotze, erleben. Ich steckte ihn ihr wieder rein und begann, sie weiter zu ficken.

»Hat er dich gut gefickt? Du sagtest früher, daß er

gut fickt. Hat er dich immer noch gut gefickt?«

»Ja, es war sehr gut!« sagte Bella. Und nach einer kurzen Pause fügte sie noch hinzu: »Ich danke dir, mein Liebster, daß du mir das erlaubt hast!«

»Hättest du es sonst nicht getan? Hättest du darauf verzichtet?«

»Nein, ich hätte es bestimmt nicht getan!«

»Hast du nie Sehnsucht danach, mal mit einem anderen Mann zu ficken?« bohrte ich weiter.

»Ich will ganz ehrlich sein«, sagte Bella, »manchmal, wenn ich einen gutaussehenden Mann sehe, denke ich, was für einen Schwanz er wohl hat, wie der sich wohl anfühlt. Auch du schaust dir andere Frauen an. Aber wenn du es mir nicht erlaubt hättest, hätte ich mich von Frank nicht ficken lassen. Und von keinem anderen Mann auf der Welt! Du genügst mir. Aber da du es mir erlaubt hast, habe ich es genossen.«

»Du, mein süßer Engel! Wenn deine kleine Fotze wieder juckt und du mit Frank ficken willst, darfst du es. Ich erlaube es dir, mit ihm zu ficken, wann immer du willst. Mit keinem anderen Mann auf dieser Welt, aber mit Frank ja. Auch wenn ich nicht zu Hause bin und er irgendwie hier auftaucht oder du ihn auf der Straße triffst, dürft ihr miteinander ficken. Nur muß ich davon wissen. Du mußt mir das sofort sagen!«

»Willst du es mir wirklich erlauben?« Bellas Augen strahlten mich an. »Ist es wahr? Ich darf mit ihm ficken, und du wirst mir nicht böse sein?«

»Ja, du darfst es. Nur, du mußt es mir dann erzählen. In allen Einzelheiten! Und dann spielen wir es

nach. Ich werde dich dann gleich ficken! Hast du Lust, öfter mit ihm zu ficken?«

»Öfter nicht.« Bellas Augen lachten. »Aber wenn es sich so ergibt ...« Sie schaute mich schelmisch an. »Du weißt ja, Abwechslung ist ab und zu gut!« Dann, nach einer kurzen Weile, sagte sie noch: »Und du darfst mit jeder Frau ficken, mit der du willst!«

Aber das hörte ich nur noch wie durch einen Schalldämpfer, weil ich in diesem Augenblick einen riesigen Orgasmus erlebte. Mein Schwanz pulsierte und spritzte kräftig und lange in Bellas ebenfalls von einem Orgasmus erschütterte Fotze.

Wir lagen eine Weile schweigend nebeneinander. Bellas Hand lag auf meiner Brust, in der Höhe meines Herzens, und es war schön, ihre Hand dort zu spüren. Dann sagte ich: »Frank möchte, daß ich seine Frau ficke. Sie hat ihn mit einem Mädchen erwischt, und sie verlangt jetzt auch Freiheiten für sich. Frank meint, wir könnten zu viert dann über Kreuz miteinander ficken. Was hältst du davon?«

»Wäre nicht schlecht«, sagte Bella. Dann kämest auch du auf deine Kosten. Ist Franks Frau hübsch?»

»Warum fragst du? Hast du vielleicht lesbische Neigungen? Hast du es eigentlich schon mal mit einer Frau getrieben?«

»Lesbisch bin ich nicht«, sagte Bella, »aber ich habe schon ein paarmal mit einem Mädchen gespielt. Das gefällt mir auch, aber mit einem Mann ist es trotzdem viel schöner. Aber auch mal mit einer Muschi zu spielen ...« Sie beendete den Satz nicht.

»Ich glaube nicht, daß Franks Frau solche Neigungen hat. Obwohl ich gerne zusehen möchte, wenn du es mit einer Frau treibst!«

»Oh, ich könnte eine ehemalige Freundin einladen«, spann Bella den Faden weiter. »Ich glaube, sie hätte nichts dagegen, wenn du zuschaust. Und sie würde auch mit dir ficken, da bin ich sicher.«

Wir führten dieses Gespräch nicht weiter. Mein Schwanz stand erneut, was hauptsächlich Bellas seidiger Hand zuzuschreiben war. Bella sprang auf und setzte sich auf meinen steil aufgerichteten Pimmel. Sie ritt mich, und ich erfuhr himmlische Lüste, während sie auf mir auf und ab hopste.

»Jetzt ficke ich dich«, hechelte sie.

Als es mir dann kam, bin ich vor Lust total weggetreten. Als ich zu mir kam, kniete Bella neben mir und küßte mein Gesicht.

Ich glaube, ich werde mein Diplom zurückgeben. Ich sehe ein, ich habe die Situation falsch eingeschätzt. Na ja, ich hatte nicht genügend Angaben. Micky scheint ein besserer Psychologe zu sein als ich. Er tat das einzig Richtige. Er machte es seiner Frau möglich, auf kontrollierte Weise auch mit anderen Männern zu verkehren. So war sie – nach ihrem vorher ausschweifendem Leben – nicht eingeschränkt, sie hatte keinen Grund, ihrem Mann wegzulaufen. Und er, das heißt Micky, hatte auch einen Gewinn davon, denn er genoß die Sache auch. Und wer hat gegen einen doppelten Genuß etwas einzuwenden?

XIV

Wir haben von diesem Abenteuer noch viel profitiert. In den nächsten Tagen verbrachten wir viel Zeit im Bett, aber auch der Küchentisch und die Badewanne wurden in unsere Spiele einbezogen, in denen wir die Erinnerung an diese außerordentliche Nacht immer wieder auffrischten, wodurch wir jedesmal erneut in Erregung gerieten. Wir haben das Spiel gründlich auskosten können, indem wir immer neue Nuancen der besagten Nacht mit Frank in den Vordergrund gestellt und (mit Worten und Taten) durchdiskutiert und nachgespielt haben. Unzählige Male hat mich Bella gefragt: »Meinst du das ernst, daß ich mal wieder mit ihm darf?« Und dies habe ich jedesmal bestätigt. »Und dich stört das nicht?« fragte dann Bella immer wieder, worauf ich nur antworten konnte: »Im Gegenteil! Das erregt mich! Alles, was dich geil macht, macht auch mich geil! Du darfst mit ihm vögeln, wann du nur willst!« Und Bella sagte dann immer: »Ich brauche das nicht unbedingt. Ich kann darauf verzichten, wenn du willst, ich brauche nur dich!« Doch ich wußte nur zu genau, daß sie scharf darauf war, Franks Rute wieder mal in ihrem Loch zu spüren.

Dann geschah etwas, was beweist, daß der Zufall manchmal seltene Wege geht. Ich habe in der Firma, in der ich arbeitete, angerufen und fragte, ob ich ei-

nen Tag frei nehmen könnte, da ich sowieso im Moment wenig zu tun hätte. So könnte ich auch noch meinen Urlaub aus dem Vorjahr etwas abbauen.

Doch um etwa zehn Uhr vormittag fiel mir ein, daß ich eine Akte auf meinem Schreibtisch liegen hatte, die zu erledigen doch wichtig wäre. So ging ich ins Büro und setzte mich an meinen Schreibtisch. Man teilte mir mit, daß mich Frank am Telefon verlangt habe, doch man sagte ihm, ich würde heute zu Hause bleiben.

Gegen elf Uhr nahm ich den Hörer auf und wählte unsere Nummer. Ich wollte Bella mitteilen, daß ich fertig bin und gleich nach Hause kommen würde. Es dauerte ziemlich lange, bis Bella ans Telefon kam, und ihr Atem ging unregelmäßig. Ich hörte auch irgendwelche Geräusche im Hintergrund.

»Was ist mit dir los, Schatz?« fragte ich. »Ist jemand bei dir?«

Die Antwort kam zögernd: »Ja ... Frank ist da. Er hat dich im Büro anrufen wollen, aber man hat ihm gesagt, daß du heute zu Hause anzutreffen bist. Deshalb kam er hierher, um mit dir etwas zu besprechen.«

Mir war sofort alles klar.

»Habt ihr gefickt?« fragte ich, und Bella antwortete mit einer noch längeren Verzögerung: »Na ja, du hast es mir doch erlaubt, nicht wahr?«

»Also, ihr habt gefickt!«

»Wir haben eben angefangen, aber dann ging das Telefon. Bist du mir jetzt böse?«

»Auf keinen Fall, mein Engel, warum sollte ich.

Fickt schön weiter. Ich werde euch nicht stören, so könnt ihr euch austoben. Später wirst du mir dann alles erzählen, ja?«

»Ja, mein Leben. Alles! Ich danke dir!«

Ich hatte einen Ständer. Erst dachte ich, ich müßte auf die Toilette und mir einen runterholen, doch dann hielt ich es für richtig, lieber an die frische Luft zu gehen. Und da schlug der Zufall (oder das Schicksal?) erneut zu: Ich verließ in Gedanken das Haus und hätte um ein Haar Franks Frau Nelly angerempelt.

»Hallo Nelly!« begrüßte ich sie. »Wie geht es Ihnen? Was macht Frank? Es wäre schön, wenn ihr uns mal besuchen würdet. Vielleicht wissen Sie schon, daß ich seit einiger Zeit verheiratet bin. Sie würden sich mit meiner Frau Bella bestimmt gut verstehen. Besprechen Sie das mal mit Frank und rufen Sie bei uns an. Okay?«

»Ich habe mit Frank nichts zu besprechen«, kam die Antwort, und Nellys Gesicht zeigte bittere Züge.

»Nanu, was ist los?« mimte ich den Nichtsahnenden. »Hängt vielleicht der Haussegen schief?«

»Schief ist gar kein Ausdruck!« sagte Nelly.

Ich hakte mich bei ihr ein.

»Das müssen Sie mir erklären. Vielleicht kann ich zwischen euch beiden vermitteln. Sie wissen, Frank hört auf mich. Haben Sie einen Moment Zeit? Kommen Sie, wir trinken irgendwo einen Kaffee, und Sie erzählen mir alles.«

»Einen Kaffee können wir auch bei mir zu Hause trinken. Frank treibt sich sowieso den ganzen Tag ir-

gendwo herum. Er läßt sich meistens nur spät am Abend blicken. Bestimmt hat er eine neue Freundin!« sagte Nelly.

Auf dem Weg zu Franks Wohnung hat sie mir dann alles erzählt, was ich sowieso schon von Frank erfahren hatte. Daß er sie betrügt und daß sie ihn auf frischer Tat erwischt hatte. Daß sie zwar keine Scheidung will, aber auch ihre Freiheit beansprucht.

Sie machte einen guten Kaffee. Ich beobachtete sie. Sie war sehr hübsch. Zwar nicht so schön wie meine Bella, aber sie hatte viel erotische Ausstrahlung und eine tadellose Figur.

»Ich glaube, Sie haben recht«, schmiedete ich das Eisen. »Sie haben auch ein Recht auf Freude, und wenn die Liebe in der Ehe nicht mehr so richtig klappt, müssen Sie sich die Freude woanders holen. Suchen Sie sich einen netten Mann ...«

»Ach, die Männer!« fiel sie mir ins Wort. »Ich glaube keinem Mann mehr!«

Blitzartig reagierte ich: »Dann eben eine hübsche Frau, wenn das Ihren Vorstellungen besser entspricht. Ich weiß nicht, ob sie ... na ja ... aber das ist heutzutage ganz normal, warum auch nicht, nicht wahr?« stotterte ich.

Nelly wurde ganz rot im Gesicht. Ich sah, daß ich ins Schwarze getroffen hatte. Das Eisen war heiß – was heißt hier heiß? Es glühte! – und ich schmiedete eifrig weiter: »Wissen Sie, das weiß ich von meiner Frau. Sie hatte schon Erlebnisse mit anderen Mädchen, und sie sagt, daß es sehr schön sein kann. Übri-

gens, Sie kennen meine Frau gar nicht. Hier, ich habe zufällig ein Foto bei mir. Schauen Sie, sie ist sehr schön, nicht wahr?«

Nellys Hand zitterte etwas, als sie Bellas Foto betrachtete. Ihre Stimme wurde kehliger, als sie sagte: »Sie ist wirklich sehr schön.«

Ich wußte, ich habe ein heißes Eisen im Feuer: »Sie hat nicht nur ein schönes Gesicht, sie hat auch eine wunderbare Figur! Ihre Brüste sind die schönsten, die ich je gesehen habe! Und ihr Popo – ein Traum!«

Nellys Gesicht glühte. »Ich bin nicht so, wie Sie denken ... das heißt, ich bin nicht ganz ... ach, Sie machen mich ganz verlegen, Micky! ... Also, Ihre Frau ist wirklich wunderschön. Ich würde sie gerne kennenlernen!«

»Nelly, Sie müssen sich für Ihre Gefühle nicht schämen«, schürte ich das Feuer weiter. »Ich finde es auch himmlisch, wenn meine Bella mich mit ihren großen Augen anschaut, wenn ich ihre Lippen küssen kann. Sie haben auch sehr schöne Lippen, Nelly, man ist versucht ...« Ich legte meine Hand auf ihre Schulter. »Ach, was sage ich! Wissen Sie, meine Bella hat wunderschöne Brüste. Sie sind weich und hart zugleich, man muß sie einfach liebkosen!« Meine Hände rutschten von Nellys Schulter, etwas tiefer. »Es gibt nichts Schöneres, als wenn man die Brüste einer schönen Frau streicheln kann. Wenn Sie einmal Bellas Brüste streicheln könnten!« (Mir wurde klar, daß ich soeben dabei war, meine Frau zu verkuppeln. Aber Nellys Reaktionen zeigten, daß ich auf dem richtigen

124

Weg war.) »Sie möchten sie kennenlernen, nicht wahr? Ach, ich wünschte, Sie könnten meine Frau küssen, ihre Brüste liebkosen, ihren Bauch streicheln!« Meine Hand umfaßte jetzt Nellys Brust, und sie wehrte mich nicht ab.

Nelly stand auf, und auch ich erhob mich unverzüglich. Jetzt umfaßte ich mit einer Hand ihre Taille, während ich den Druck meiner Hand an ihrer Brust erhöhte. Nelly konnte mir nicht entfliehen.

»Sie möchten meine Frau kennenlernen, nicht wahr? Sie möchten sie küssen, ihre Brüste streicheln, sie liebhaben. Aber, Nelly, der Weg zu einer Frau führt nur auf dem Umweg über ihren Mann. Ich bin auch noch da.«

Ich erwischte mit meinem Mund ihre Lippen. Zuerst preßte sie ihre Zähne zusammen, doch ich drückte meinen Schwanz, der in der Hose steinhart wurde, gegen ihren Körper.

»Sie können meine Frau lieben, aber auch ich will nicht leer ausgehen!«

Inzwischen befreite ich ihre Brust aus dem Kleid. Sie war sehr schön. Ich nahm ihre Knospe in den Mund und begann, daran zu saugen. Nelly warf ihren Kopf nach hinten.

»Oh, Micky, was machen Sie mit mir? Sie dürfen es nicht! Sie dürfen es nicht!«

Doch der Widerstand erfolgte nur mit Worten; mein Mund und meine Hände hatten weiterhin freie Bahn. Ich begann, sie zu duzen: »Doch, das darf ich, Nelly! Und du willst es auch. Ich weiß es! Ich weiß,

daß du liebend gerne die Brüste meiner schönen Frau in deinen Mund nehmen würdest! Daß du gerne ihren wunderbaren Hintern streicheln möchtest!« Meine Hand griff frech zu. »Ich weiß, daß du sie auch hier gerne anfassen möchtest.« Ich griff ihr von vorne zwischen die Beine. »Daß du ihr das Höschen vom Leib zerren möchtest! Aber sie trägt nie ein Höschen!«

Nelly stöhnte laut, während ich ihr Höschen nach unten schob und nun an ihre feuchte Vulva faßte. Mein Finger fand den Weg zwischen ihre feuchten Schamlippen.

»Ist es schön für dich, Nelly? Reizt es dich? Möchtest du das auch mit einer Frau machen? Sie so auf den Tisch legen, ihre Beine spreizen und ihr Schatzkästlein lecken?«

Ich tat alles, was ich sagte. Ich legte Nelly auf den Tisch, hob ihre Beine und befreite sie von dem Slip. Dann warf ich mich auf ihre nun vor meinen Augen offenstehende Fotze und begann, ihren Kitzler zu lekken. Es wunderte mich, wie leicht es alles ging. Nelly wehrte mich nicht ab. Im Gegenteil, sie legte ihre Hände auf meinen Kopf und stieß gurrende Laute aus. Jeden Zungenschlag beantwortete sie mit einem verhaltenen Stöhnen.

Dann war ich auch soweit; ich konnte nicht länger warten. Ich holte meinen zum Bersten gespannten Schwanz aus der Hose, setzte ihn an Nellys Spalte an, und dann drang ich in sie ein. Es war ein betäubendes Gefühl, eine neue, für mich frische Fotze zu spüren. Seit ich meine Bella kannte, hatte ich zum ersten Mal

126

etwas mit einer anderen Frau gehabt. Ja, bisher hatte ich sie nicht mal in Gedanken betrogen. Doch während ich mit meinem Schwanz in Nellys Unterleib stieß, mußte ich daran denken, daß Bella im gleichen Moment auch von einem anderen Mann gefickt wird.

Das erhöhte nur meinen Genuß. Ich fickte nun die Frau meines Freundes und habe nicht aufgehört, dabei zu sprechen: »Ja, Nelly, ich sorge dafür, daß du mit Bella schöne Stunden erleben kannst. Du wirst sie streicheln, lecken und liebhaben können. Du wirst sie ficken können. Aber ich will dich auch ficken, hörst du? Du hast eine wunderbare Muschi, ich mag dich vögeln, Nelly, du bist wunderbar! Ach, ist es schön! Ist es auch für dich so schön?«

Nelly konnte nicht antworten. Sie erlebte einen Orgasmus nach dem anderen. Es war wahrscheinlich ihr erster Fick mit einem anderen Mann. Sie war also nicht lesbisch, sondern bi. Sie mochte also Männer und Frauen.

Für mich war dies auch ein besonderer Fick, eben der erste Seitensprung, seit ich verheiratet war. Es dauerte auch nicht sehr lange, bis es auch in meinen Eiern zu brodeln begann und ich meine Wollust in Nellys Unterleib spritzte.

Wir haben uns dann in Ordnung gebracht, aber wir beide waren noch benommen. Wir beschlossen, daß wir Frank von dieser Eskapade nichts sagen werden, aber wir werden uns zu viert treffen, und dann werden wir schen, wie sich die Sache entwickelt.

Als ich zu Hause ankam, war Frank schon weg und Bella war frisch geduscht. Sie empfing mich mit einer innigen Umarmung.

»War es schön für dich, mein Herz?« fragte ich.

»Ja, es war schön. Frank fickt sehr gut!«

Den Satz kannte ich schon. Was hätte meine Bella auch sonst sagen können?

Dann fragte sie: »Wo warst du so lange? Ich dachte, du kommst nach Hause, und wir machen es zu dritt!«

»Ich war bei Frank und habe seine Frau gefickt!«

Bellas Mund blieb offen.

»Wo warst du? Du hast seine Frau gefickt?«

»Ja, Liebste, aber Frank darf davon noch nichts erfahren!«

»Aber du liebst mich doch?«

Bella schaute mich mit weit aufgerissenen Augen an, voller Hoffnung und Bange.

»Aber natürlich, Liebste! Du bist für mich die erste und die einzige. Auch wenn ich Nelly gefickt habe, habe ich nur an dich gedacht.«

»Ist das wahr?«

Die Freude blitzte in Bellas Augen.

»Aber natürlich, mein Engel!«

»Komm, erzähl mir alles«, sagte Bella.

Wir landeten im Bett, und als ich etwa bei der Hälfte der Geschichte angekommen war, steckte mein Schwanz schon in Bellas Scheide, und wir waren beim Ficken.

Nun, die Sache beginnt sich zu entwickeln, aber sich

auch zu verkomplizieren. Wenn es sich alles so abgespielt hat, wie Micky es mir erzählte, dann war seine
Taktik in Ordnung. Aber er hatte auch sehr viel Glück.
Für meine Begriffe zuviel Glück. Hätte er nicht zu
Hause bleiben wollen, und wäre dann nicht doch ins
Büro gegangen, hätten Bella und Frank wahrscheinlich nicht miteinander kopuliert. Und hätte Micky
Franks Frau nicht zufällig getroffen, wäre auch er
nicht zum Schuß gekommen. (Ich merke, ich beginne
in Bildern zu sprechen: Zum Schuß kommen!) Aber
manchmal gibt es halt so eine Reihe von Zufällen.

XV

Frank hat mich am Nachmittag telefonisch erreicht.
Ich erzählte ihm, daß ich Nelly getroffen habe, aber
weiter nichts. Ich sagte ihm aber, daß ich glaube, es
ließe sich etwas zu viert machen. Die Frage ist nur, wo
wir uns treffen sollen: Bei ihnen oder bei uns? Frank
entschloß sich dazu, daß wir uns bei ihm treffen; Nelly wird in der gewohnten häuslichen Umgebung weniger gehemmt sein als woanders. Wir haben uns für
Samstagabend verabredet, mit dem Hintergedanken,
daß wir uns dann am Sonntag ausschlafen können.

Ich hatte eine Idee. Ich kaufte in einer Drogerie
Enthaarungscreme und bat Bella, ihre Muschi damit
zu enthaaren. Ich habe mich für eine solche Creme
statt eines Rasierapparates entschieden, und zwar aus
zwei Gründen: Erstens, das Rasieren der Intimsphäre
ist nicht ganz einfach, man kann sich dabei leicht
schneiden, und das wollte ich meiner Frau ersparen.
Zweitens, durch die chemische Enthaarung erzielt
man eine viel glattere Haut, und sie wird nicht so
schnell stoppelig wie bei einer Rasur. Natürlich habe
ich diese Weisheiten nicht erfunden; durch eine meiner ehemaligen Freundinnen, deren haarlose Muschi
mich immer faszinierte, wurde ich in diese ‚Geheim-
nisse‘ eingeweiht.

Wenn ich damit gerechnet habe, daß sich Bella ge-

gen meine Idee sträuben würde, hatte ich mich – zum Glück – getäuscht. Sie war Feuer und Flamme, und sie malte sich aus, daß Nelly durch ihre ‚jungfräulich‘ aussehende Pussi leichter zu verführen wäre. Wahrscheinlich hat sie aber auch daran gedacht, wie sie damit auch auf Frank wirken würde.

Am Samstag schellten wir an Franks Wohnungstür. Ich brachte für Nelly einen Blumenstrauß mit, den sie mit hochrotem Kopf entgegennahm. Ja, sie war noch nicht abgebrüht genug, um ihre Regungen zu verstecken. Aber ihre Augen strahlten, als sie meine Bella mit Umarmung und Küßchen begrüßte; es hatte bei ihr auf Anhieb gefunkt, das war eindeutig zu sehen. Auch Bella war nicht abgeneigt, sich sofort mit Nelly anzufreunden.

Das Abendessen war gut, die Stimmung auch. Wir waren eine kleine verschworene Clique, lediglich Frank wußte nicht von Nellys, und Nelly nichts von Franks Beziehungen zu uns beiden.

Im Fernsehen lief ein Softporno, der uns beide Männer nicht besonders antörnen konnte, jedoch auf die beiden Frauen augenscheinlich erotisierend wirkte. Es ist nun mal so, daß in Sachen Erotik die Frauen einen ganz anderen Geschmack haben als wir Männer. Der Film hatte aber für uns Männer einen ganz anderen positiven Effekt: Die Getränke, die wir unseren Frauen immer reichlich nachschenkten, zeigten nämlich langsam Wirkung.

Wie wahr! Wie wahr! Leider wissen die meisten Män-
ner von diesem Unterschied nichts, oder sie wollen
ihn einfach nicht zur Kenntnis nehmen. Sehr zu ih-
rem Nachteil! Aber es ist auch die ewig männliche
Taktik: Die Frau betrunken zu machen. Allerdings las-
sen sich die Frauen dazu nur zu gerne verleiten, weil
auch sie daraus ihren taktischen Vorteil ziehen: Auch
wenn sie nicht so sehr beschwipst waren, wie es
schien, können sie am nächsten Tag die Ahnungslose
spielen: ‚Ach, ich weiß gar nicht, was gestern abend
passiert ist! Ich war so betrunken, ich kann mich an
gar nichts mehr erinnern. Was habt ihr mit mir ange-
stellt, ihr Bösen?!'

XVI

Obwohl der Film auf uns Männer – wie gesagt – keine besondere Wirkung ausübte, gab er uns zu der Bemerkung Gelegenheit, daß ‚es unglaublich schön sein könnte, wenn zwei Frauen sich lieben‘, und daß sich ‚eigentlich zwischen zwei Frauen echte Leidenschaft gepaart mit unendlicher Zärtlichkeit entwickeln‘ kann.

Vor dem Fernseher haben wir eine richtigen ‚Zuschauertribüne‘ aufgebaut. Die beiden Damen saßen nebeneinander auf einem Kanapee, wir Männer auf zwei Sesseln; ich an Nellys Seite und Frank neben Bella. Es dauerte auch nicht lange, bis sich die beiden Frauen gegenseitig zu streicheln begannen (wie ich das Bella eingetrichtert hatte!!!). Zuerst nur an den Armen, dann wanderte eine Hand auch mal auf die Schenkel der anderen. Bella befreite dann eine Brust aus ihrer Bluse und legte Nellys Hand darauf. Nelly ließ ihre Hand dort liegen, doch ohne sie zu bewegen. So mußte Bella erneut die Initiative ergreifen: Sie öffnete Nellys Kleid und begann, ihre Brüste zu liebkosen. Zuerst nur mit der Hand, dann aber auch mit ihrem Mund. Nelly schien auf dem Kanapee zu zerfließen. Jetzt wurden auch ihre Hände fleißiger.

Bald küßten sich die beiden und ließen ihre Zungen dabei heftig spielen. Trotz des anfänglichen Erfol-

ges entwickelte sich die Sache ziemlich langsam, und es dauerte eine ganze Weile, bis die Hände unserer Anvertrauten jeweils am Fötzchen der anderen zu manipulieren begannen. Nellys Überraschung war nicht zu überhören, als ihre Hand zwischen Bellas Schenkeln auf nackte Haut traf. Wie gesagt, es ging alles sehr langsam voran, doch diese langsame Entwicklung machte Frank und mich außerordentlich geil. Frank holte sogar seinen Steifen aus der Hose, was die beiden Frauen aber nicht bemerkt haben, so sehr waren sie inzwischen in ihr Liebesspiel vertieft.

Nelly war die erste, die einen Orgasmus bekam. Sie lehnte sich mit geschlossenen Augen in die Kissen, und ihr Unterleib zuckte in der Ekstase. Sie merkte es anfangs gar nicht, daß Bellas Hand durch die meine ersetzt wurde. Erst als ich ihre Muschi zu lecken begann, machte sie die Augen auf. Sie war ganz erschrocken, schaute sich nach Frank um, doch als sie sah, daß Frank inzwischen Bella auf seinen Schoß nahm und jetzt mit ihrem haarlosem Schatzkästlein beschäftigt war, schloß sie die Augen wieder und ließ alles mit sich geschehen. Sie protestierte auch dann nicht, als sie spürte, daß sich mein inzwischen sehr hart gewordener Schwanz in ihre Fotze bohrte, und daß ich sie langsam zu ficken begann.

Um jetzt nicht zu schnell zum Abschuß zu kommen, zumal ich durch die Zeremonie der Rasur erhitzt war, hatte ich am Nachmittag mit Bella einen wunderbaren Fick absolviert. Demzufolge konnte ich mich lange zurückhalten, so daß Nelly etliche Male

134

ihre Liebeskrämpfe herausschreien konnte. Einmal in Fahrt gekommen, war sie nicht mehr zu bremsen.

Wie wir es geschafft haben, weiß ich nicht; ich weiß nur, daß wir zum Schluß im Schlafzimmer, im Ehebett von Frank und Nelly also, gelandet waren. Wir waren alle vier splitternackt, obwohl ich mich auch nicht erinnern kann, wann ich mich meiner Kleider entledigt und wann ich Nellys Körper von ihren Sachen befreit hatte.

Nelly war ausgehungert. Sie machte alles mit. Sie ließ sich lecken und ficken, sie nahm meinen Schwanz in den Mund, um ihn zu neuem Leben zu erwecken, nachdem er nach einem genüßlichen Abspritzen etwas ‚verwelkt‘ war. Sie tat es um so freier, als sie sah, daß sich auch ihr Ehemann nicht zurückhielt und mit Bella allerhand betörende Sachen trieb.

Nelly hatte einen schönen, sportlichen, doch weiblich weichen Körper, schöne Brüste, einen sehr schön geformten Arsch und eine Vagina, die nichts zu wünschen übrig ließ. Sie war heiß, sie war feucht, und sie fühlte sich mit dem Pimmel unheimlich gut an.

Viele Einzelheiten sind mir schon entfallen, doch ich kann mich noch an eine Szene erinnern. Ich war dabei, Nelly in der Missionarsstellung zu ficken, was auch Frank mit Bella direkt neben mir tat. Sie lagen dicht neben uns, so daß ich alle ihre Bewegungen mit meinem Körper fühlen konnte. Ich sah dann, daß Bella mich mit großen Augen anstarrte. Ich beugte meinen Kopf ganz nahe an ihr Gesicht und fragte sie leise: »Ist es schön für dich? Fickt er dich gut?«

Und sie antwortete: »Jaaaah, er fickt sehr guuut!«

Ich verschloß ihren Mund mit meinen Lippen, eben als sie einen erneuten Orgasmus bekam. Sie keuchte ihre Lust in meinen Mund.

Gegen Morgen lagen wir dann ausgestreckt und ziemlich erschöpft da. Ich ergriff Bellas Hand und zog sie zu mir. Ihr Gesicht signalisierte höchste Zufriedenheit.

»Liebst du mich?« fragte sie.

Und ich antwortete: »Mehr als mein Leben!«

Sie umarmte mich und küßte mich auf den Mund. Ich wälzte mich über sie. Mein Schwanz war wieder geschwollen, so versenkte ich ihn in ihre Fotze. Kurz darauf sahen wir, daß neben uns Frank seine Nelly fickte, und Nelly schien ihm überhaupt nicht mehr böse zu sein.

Dann sind wir irgendwann eingeschlafen. Die Sonne stand schon hoch am Himmel, als wir langsam zu uns kamen. Nach einem Frühstück, das uns Nelly – sie war zwar immer noch splitternackt, doch ganz Hausfrau – ans Bett brachte. Während wir aßen, sagte Nelly plötzlich: »Diese Fete könnten wir mal öfters wiederholen!«

Frank und ich schauten uns wortlos an. So einen schnellen Fortschritt hatten wir bei ihr doch nicht erwartet.

Als wir uns dann völlig angezogen in der Diele von unseren Gastgebern verabschiedeten, küßten sich die beiden Frauen, die jetzt gute Freundinnen waren.

Auch Frank verabschiedete sich von Bella mit einem Kuß. Ich nahm Nelly in meine Arme und drückte ihr einen innigen Kuß auf den Mund. Der Kuß hatte zur Folge, daß sich mein Schwanz versteifte.

Ich konnte nicht anders, ich griff Nelly unter den Rock, zog ihren Slip nach unten und holte meinen Pimmel aus der Hose. Ich hob ein Bein von Nelly an und fickte sie so im Stehen. Bella und Frank schauten uns lächelnd zu.

Auf der Straße bekam ich dann von Bella einen Tritt gegen das Schienbein. Noch nie hatte mir ein Tritt soviel Freude bereitet.

XVII

Eines Tages traf ich ganz unverhofft einen alten
Freund, den ich seit Jahren aus den Augen verloren
habe. Es war Benny, mein ehemaliger Schulkamerad
und ‚Mittäter' bei meinen ersten sexuellen Versuchen
mit Frauen. Er ist in eine andere Stadt gezogen, und
jetzt verbrachte er aber eine Woche hier bei seinen Eltern. Ich erzählte ihm, daß ich inzwischen verheiratet
bin und zeigte ihm auch Bellas Foto. Er schaute sich
das Bild an, und dann sagte er: »Hätte ich sie kennengelernt, bevor du sie geheiratet hast, hätte ich dir dieses Mädchen ausgespannt!«

»Das kannst du nicht, aber du könntest sie ficken,
wenn du Lust dazu hast«, schlug ich ihm nonchalant
vor, was bewirkte, daß er vor Staunen den Mund zu
schließen vergaß. »Paß auf, mach den Mund zu«, sagte
ich lachend, »sonst fliegt dein Verstand davon!«

Ich erklärte ihm, daß ich mit Bella ein freies Leben
führe, was zwar nicht bedeutet, daß wir wahllos her-
umvögeln, aber wir erlauben uns ab und zu einen ge-
meinsamen Seitensprung, was immer neue Impulse
in unser Eheleben bringt.

Benny war Feuer und Flamme, besonders, als ich
ihm erzählte, daß meine Bella eine immer frisch ent-
haarte Pussi hat. Und da kam mir gleich eine Idee. Ich
ging mit Benny in eine Drogerie, und wir kauften für

ihn eine Enthaarungscreme. Ich sagte ihm, er soll nicht nur seinen Schwanz, sondern die ganze Gegend, auch seinen Sack, enthaaren. Dann haben wir eine Strategie ausgedacht, wie wir die Sache für Bella noch interessanter machen können.

Um ganz ehrlich zu sein, ich wollte nicht, daß Bella meint, daß es mein Wunsch sei, daß sie wahllos herumfickt. Ich wollte ihre mir gegenüber immer betonte Treue nicht zu sehr auf die Probe stellen; eine Abwechslung soll nur als eine seltene Delikatesse angesehen werden. Ich glaube, ihrem neuen ‚bürgerlichen' Selbstbewußtsein würde dies eher zusagen.

Ich erzählte ihr, daß ich einen alten Freund getroffen und ihn für den nächsten Nachmittag zum Kaffee eingeladen habe, aber über meine weiteren Absichten habe ich geschwiegen. Ich wußte, daß Benny, der ein gutaussehender junger Mann war, ihr gefallen würde, aber es war keineswegs sicher, ob der Funke überspringen würde. Deshalb mußte mein Trick mit der Rasur helfen.

Benny kam, und ich sah, daß er Bellas Gefallen fand. Auch seine Mimik verriet Entzücken, als er Bella anschaute oder mit ihr sprach. Bei Kaffee und Kuchen haben wir die alten Erinnerungen aus der Zeit, als wir beide noch ganz jung den Mädchen nachjagten, und mehr Fiaskos als Erfolge einheimsten, wieder aufgefrischt.

Benny erzählte von seinem Leben. Daß er nicht verheiratet sei, aber eine Freundin habe, die er wahrscheinlich irgendwann auch mal ehelichen wird. An-

sonsten habe er einen interessanten Beruf und einen neuen Freundeskreis, doch er erinnert sich gerne an frühere Zeiten, als wir noch mit unserer Clique die Gegend unsicher machten.

Bella hörte ihm interessiert zu. Dann habe ich meine letzte Jahre geschildert. Wie ich zum Beispiel Bella kennengelernt habe. Ihre Vergangenheit habe ich aus meinem Erzählen aber ausgeklammert, und ich merkte, daß Bella mir dafür dankbar war. Statt dessen brüstete ich mich damit, wie sehr wir uns liebten und was für eine gute Hausfrau sie ist. Und daß sie traumhaft schön ist, brauchte ich nicht extra zu erwähnen. Aber daß ich auf sie sehr stolz bin, und daß ich glücklich bin, eine so schöne Frau zu haben, habe ich mehrmals ausdrücklich betont.

Und ich hörte nicht auf, auch ihre körperlichen Vorzüge zu loben: Ihre Brüste, deren Schönheit die der Cleopatra übertrumpften, ihre gute Figur und daß meine Gattin untenherum völlig rasiert ist!

Hier traf mich Bellas vorwurfsvoller Blick, weil ich so offen über ihre intimen Bereiche sprach, aber sie wurde durch Bennys Reaktion überrascht. Der sagte nur (meiner Anweisungen folgend): »Ich auch!«

»Wie meinst du das?« fragte ich und spielte den Überraschten.

»Na, wie ich es sage«, erwiderte Benny. »Ich rasiere meine Geschlechtsteile fast täglich. Meine Freundin mag es so.«

»Das gib es nicht!« spielte ich weiter. »Männer rasieren sich nicht. Zumindest nicht so wie die Frauen.

Meine Bella ist unten ganz kahl, sie hat kein einziges Härchen auf ihrer Muschi!«

»Ich habe auch kein einziges Haar da unten!« beteuerte Benny.

Und ich sah, daß in Bellas Augen Lichter der Neugier blitzten.

»Das glaube ich erst, wenn ich es sehe. Laß mal sehen!« sagte ich.

»Ja, ich weiß nicht...«, sagte Benny und schaute auf Bella.

»Oho! Du kneifst«, frotzelte ich. »Wegen Bella brauchst du keine Angst zu haben! Sie ist eine Ehefrau, ein Schwanz ist für sie nichts Unbekanntes. Also, raus mit dem Kasperle!«

»Auf deine Verantwortung«, sagte Benny.

Er stand auf und begann, seine Hose aufzuknöpfen. Ich beobachtete aus den Augenwinkeln Bella und sah, daß ihre Augen neugierig auf Bennys sich öffnenden Hosenschlitz gerichtet waren. Benny machte den Reißverschluß völlig auf, seine Hose rutschte fast bis zu den Knien herunter. Er trug einen kleinen Slip, der einen gut entwickelten Schwanz ahnen ließ. Dann schob er auch den Slip herunter.

Sein Schwanz und seine Eier lagen nun frei vor unseren Augen. Sein Pimmel stand nicht, aber er war – wahrscheinlich durch die pikante Situation – etwas geschwollen, so daß er im leichten Bogen vor seinem Körper wippte.

»Tatsächlich«, spielte ich den Überraschten. »Schau Bella, er ist tatsächlich rasiert. Kein Haar da unten. Ist

dein Sack auch rasiert?« fragte ich ihn dann.

Er hob seinen Schwanz mit einer Hand hoch, so daß sein glatter Hodensack jetzt – in gefährlicher Nähe vor Bellas Gesicht – sichtbar wurde.

»Schau mal, Bella, er ist tatsächlich ganz nackt da unten!« Ich strich mit einer Hand über Bennys Venusberg. (Oder wie nennt man das eigentlich bei Männern?) »Fühl mal, Bella, er ist ganz glatt!«

Bella streckte ihre Hand etwas zögernd aus und berührte dieselbe Stelle mit nur zwei Fingern.

»Tatsächlich«, sagte sie, »ganz glatt. Schön glatt!«

Ich ermunterte sie: »Fühl mal gründlich! Sowas habe ich noch nicht gesehen. Fühl mal seine Eier! Auch dort hat er keine Haare.

Bella streichelte jetzt Bennys Hodensack von unten. Bennys Schwanz begann, seinen Kopf immer höher zu heben.

Bella brauchte keine Ermunterungen mehr. Zuerst streichelte sie Bennys Lenden nur zaghaft, doch dann verirrte sich ihre Hand immer öfter zu seinem Schaft, wo normalerweise sowieso keine Haare zu finden sind. Das hatte zur Folge, daß sich Bennys Schwanz völlig aufrichtete. Seine Vorhaut zog sich zurück, und aus dessen Falten schob sich seine blutrote, gut entwickelte Eichel.

»Fühl ihn, Bella«, sagte ich, »so etwas hast du bestimmt noch nicht gesehen!«

Aber ich brauchte sie nicht zu ermuntern. Immer öfter griff sie nach Bennys Pimmel, umfaßte ihn mit ihrer Hand und schob ein- oder zweimal auch seine

Vorhaut hin und her, was seine Erektion natürlich immens verstärkte.

Da schritt ich zur unmittelbaren Attacke: Ich hob Bellas Kleid hoch, wohlwissend, daß sie nichts darunter anhatte, so daß ihre glattrasierte Muschi sichtbar wurde.

»Schau, Benny«, sagte ich, »sie ist auch so schön glatt da unten!«

Bellas Kopf war ganz in der Nähe des Schwanzes, den sie streichelte, um ihn aus unmittelbarer Nähe zu sehen. Ich legte meine Hand auf ihren Hinterkopf und drückte ihren Kopf immer näher an Bennys Schwanzspitze.

Bella verstand meinen Wink. Sie nahm den appetitlichen Schwanz des Jungen in den Mund und begann, ihn zu blasen. Benny verdrehte seine Augen, als er die Zunge meiner Frau an seinem Schwanz spürte. Und Bella lutschte daran mit sichtlichem Genuß.

Dann unterbrach ich das einseitige Spiel.

»Jetzt laß auch Benny fühlen, wie seidig glatt deine Muschi ist!«

Ich half Bella aufzustehen und legte sie auf das Kanapee. Ich schob ihre Beine auseinander, warf ihren Rock hoch, so daß sich ihre volle Schönheit Bennys Augen präsentierte. Und Benny ließ sich nicht zweimal bitten. Er streichelte Bellas Fötzchen, schob einen Finger zwischen ihre Schamlippen und widmete sich ihrem Kitzler. Bella genoß mit geschlossenen Augen, aber jauchzend und stöhnend, seine Liebkosungen.

Als sich dann Benny über sie beugte und ihre Fotze

zu lecken begann, warf Bella ihm ihren Arsch entgegen, und sie wimmerte: »Ach Micky, ach Micky!«

Sie schrie meinen Namen!

Dann gab ich Benny einen Stoß. Er setzte seine Schwanzspitze an Bellas Spalte an, und ich sah mit Genuß, wie sein Pimmel langsam in ihrer Fotze verschwand. Auch mein Schwanz stand ganz steif und steil nach oben, und ich begann, ihn mit einer Hand zu streicheln.

Benny fickte mit langen Stößen, und Bella umschlang seinen Hals mit ihren Armen. Sie fickte fleißig mit, und bald erreichte sie ihren ersten Höhepunkt. Sie jauchzte und quietschte vor Genuß. Ich stellte mit Freude fest, daß die Wollust ihren ganzen Körper durchschüttelte. Ihre ungeheure Erregung übertrug sich auf mich. Ich wußte, was Bennys Pimmel in ihrer Fotze spürte, welche Wollust er genoß, und das törnte mich noch mehr an. Als Benny mit kurzen, schnellen und heftigen Stößen das Kommen seines sexuellen Höhepunktes verriet und sich dann schließlich mit zitternden Arschbacken in Bellas Fotze ergoß, war ich auch soweit. Kaum hatte er seinen erschlafften Pimmel aus Bella herausgezogen, steckte ich meinen fiebernden Schwanz an dessen Stelle und fickte Bella weiter, so daß sie ohne Unterbrechung genießen konnte. Mein Genuß war unbeschreiblich, und als ich nach ziemlich kurzer Zeit zu spritzen begann, hörte ich mich laut schreien.

Benny blieb zum Abendessen, das Bella mit nur einer Schürze bekleidet zubereitete. Der Anblick ihrer

ungeschützten Arschbacken bewirkte, daß wir beiden Männer uns kaum dem Essen widmeten. Kaum hatten wir einige Bissen zu uns genommen, beeilten wir uns, in das Schlafzimmer zu gelangen, wo dann Bella von uns beiden noch einmal gefickt wurde. Als Benny sich später verabschiedete, fickten wir Bella sogar noch einmal.

Einmal ist anscheinend keinmal. Kaum durfte Bella mit Frank ins Bett steigen, präsentierte ihr Micky schon den zweiten Liebhaber. Ob das gutgehen wird?

Ich glaube, ja. Bella wird nicht unter den veränderten Lebensbedigungen, das heißt, wegen des Verzichts auf Abwechslung, leiden, was eventuell eine Entfremdung zwischen den beiden verursachen könnte. Und Micky gehört augenscheinlich zu der gar nicht so seltenen Gattung Männer, denen es erotisch Freude bereitet zu sehen, wie ihre Liebesgefährtinnen von anderen Männern begehrt und auch begattet werden. Der Anblick eines kopulierenden Paares wirkt auf fast jeden Menschen erregend; diese Erregung wird noch mehr gesteigert, wenn es sich nicht um fremde Individuen, sondern um den eigenen Sexualpartner handelt. Diese Erfahrung mache ich immer wieder – ja, sogar an mir selbst. Und wenn beide ihrem Leben eine genußvolle Bereicherung geben, kann das nicht schaden.

Wo liegt aber Mickys eigentliches Problem?

XVIII

Ich weiß nicht, aus welchem Anlaß die Sprache auf unsere Verwandten kam, ich weiß nur, daß dieses Thema irgendwann mal auftauchte und Bella sich dahingehend äußerte, daß es schön wäre, uns bei ihnen einmal blicken zu lassen. Sie wollte gerne meine Eltern kennenlernen, aber auch ihrem Vater hätte sie gerne gezeigt, daß aus ihr ‚etwas‘ geworden ist, daß sie gut verheiratet ist und einen richtigen Ehemann hat. So haben wir uns entschlossen, im Sommer, wenn ich meinen fast zweimonatigen Urlaub bekomme (mir stand noch viel vom vorigen Jahr zu), zuerst ihren Vater, dann meine Eltern zu besuchen.

So standen wir eines Tages vor dem Haus, in dem Bellas Vater wohnte. Es war nicht mehr das heruntergekommene Haus, in dem Bella aufwuchs. Ihr Vater lebte jetzt in einigermaßen normalen Verhältnissen. Trotzdem stand ich mit gemischten Gefühlen da; die Distanz zwischen meiner Gesellschaft und der von Bellas Vater war doch ziemlich groß. Ich war aber fest entschlossen, es weder Bella noch ihrem Vater spüren zu lassen.

Die Erscheinung des alten Herrn war nicht so schrecklich, wie ich sie mir vorgestellt hatte. Er hatte sich, da er uns erwartete, herausgeputzt. Auch die Wohnung, die jetzt aus einem Zimmer, einer Küche

und, man staune, einem Badezimmer bestand, war verhältnismäßig in Ordnung.

Das Wiedersehen von Vater und Tochter war sehr herzlich, und auch mir reichte der Herr Schwiegerpapa freundlich die Hand.

»Herzlich willkommen, Mr. Marshall«, begrüßte er mich.

Und trotz mehrerer Aufforderungen dauerte es ziemlich lange, bis er mich statt Mr. Marshall als Micky zu titulieren begann. Da er alleine lebte, war sein Haushalt ziemlich bescheiden, und auch um Bella nicht mit Küchenarbeiten zu belasten, haben wir uns entschlossen, in den wenigen Tagen, die wir dort verbringen wollten, im Restaurant zu speisen. So gingen wir gleich am ersten Abend in ein gutes Lokal. Mein Schwiegervater war sehr davon angetan, was für einen ‚feinen Herrn‘ seine Tochter geheiratet hat, wie schön Bella in der Zeit, seit er sie nicht gesehen hat, geworden ist und wie gut sie gekleidet war. Auch über die Geschenke, die wir ihm mitgebracht hatten (Bella hatte sie alle ausgesucht), hat er sich sehr gefreut.

Der Abend verlief sehr angenehm, und als wir uns anschickten, nach Hause zu gehen, bat uns ihr Vater, doch bei ihm zu übernachten. Ursprünglich wollten wir ein Hotel nehmen, doch Bellas Vater hatte zwei Betten, die er uns anbot. Bellas bittenden Augen habe ich nicht widerstehen könne, so stimmte ich zu, zu bleiben.

Bella hat ihrem Vater viel erzählt. Wie wir uns kennengelernt haben, wie wir zueinander gefunden ha-

ben, und wie wir jetzt glücklich miteinander leben. Die Zeit verging schnell, und auch der Wein, den wir mitgebracht hatten, war bald getrunken. Dann kam die Zeit, zu Bett zu gehen.

Ich fühlte mich im ersten Moment etwas unwohl, da ich nicht wußte, wie wir dieses ‚Zubettgehen' in diesem einzigen Raum bewerkstelligen sollten. Doch Bella zog sich ohne jegliche Hemmungen nackt aus und schlüpfte in das Bett, das – oh Wunder – sauber bezogen war. Auch der alte Herr legte seine Kleider ab, ohne seinen Schwanz vor Bellas Augen zu verdecken. Sie waren ja schon aus früheren Zeiten gute Bekannte. Ich meine Bella und sein Schwanz. Daraufhin entkleidete ich mich auch und schlüpfte neben Bella unter die Decke. Wir sagten gute Nacht, und dann wurde das Licht ausgemacht.

Ich streichelte Bellas Körper, aber mehr wagte ich zunächst nicht. Erst als ich annahm, daß ihr Vater schon schläft, wälzte ich mich auf sie, steckte ihr meinen Schwanz rein und begann, sie langsam zu ficken. Ich machte es wirklich ganz langsam, möglichst ohne Geräusche, um den alten Herrn nicht zu wecken. Bella blieb aber nicht still; sie stöhnte in der von ihr gewohnten Weise. Ich hielt inne.

»Du weckst deinen Vater« flüsterte ich ihr leise zu.

»Er schläft nicht«, flüsterte mir Bella zurück. »Ich kenne ihn. Er atmet ganz anders, wenn er schläft.«

»Dann hört er uns«, sagte ich.

»Na und?« war alles, was Bella darauf zu sagen hatte. Nach einigen wenigen Stößen flüsterte sie mir

dann zu: »Er genießt es, daß er uns ficken hört. Das macht ihn geil!«

»Meinst du?« fragte ich genauso leise.

»Ich weiß es«, hörte ich Bella flüstern. »Er spielt jetzt mit seinem Schwanz.«

»Woran denkt er wohl?« wollte ich wissen.

»An meine Fotze. Er stellt sich vor, daß er mich fickt!«

Ich überlegte kurz, dann fragte ich sie: »Willst du mit ihm ficken?«

»Ja«, sagte Bella, »aber erst, wenn wir fertig sind!«

»Wird es ihn nicht stören, wenn ich dich vollspritze?« wollte ich wissen.

»Ach, das stört ihn nicht!«

Der Gedanke, daß meine Bella gleich von ihrem Vater gevögelt wird, machte mich unheimlich geil, so daß es nicht sehr lange dauerte, bis ich soweit war. Ich genoß den Fick und das Abspritzen neben dem alten Mann neben uns.

Bella stand dann auf und ging zu ihrem Vater. Sie schlüpfte unter seine Decke.

»Bist du wahnsinnig?« fragte er leise.

Bella antwortete ganz laut: »Warum? Meinen Mann stört es nicht. Ich habe einen sehr guten Mann, er erlaubt mir auch, mit anderen Männern zu ficken, wenn mir danach ist.« Dann hörte ich sie nesteln, und dann sagte sie: »Komm, fick jetzt. Dein Schwanz ist ganz hart!«

Das war nicht eben ein Gespräch, das normalerweise zwischen Vater und Tochter stattfindet, doch in Bel-

las Welt war vieles nicht ganz so normal. Und tatsächlich, ich sah bald – soweit man in der Dunkelheit sehen konnte – daß sich die Decke in dem Tempo hob und senkte, in dem Bella von ihrem Vater gefickt wurde. Ich hörte auch das Schnaufen des Alten und Bellas Stöhnen. Ich hörte sie sagen: »Oh, Papa, du fickst so gut!« Und dann, nach einer Weile schnaufte der Alte: »Jetzt kommt es mir! Aaach!«

Dann war Stille.

Bald sprang Bella aus dem Bett und rannte in das Badezimmer. Ich hörte das Wasser plätschern, und als sie zurückkam und sich im Bett an mich schmiegte, erfuhren meine tastenden Hände, daß sie sich unten gründlich gewaschen hatte.

Mir war es nur recht. Gewiß, ich habe sie gefickt, nachdem mein Freund Frank in sie gespritzt hat, auch das hat mich nicht gestört, daß Benny sie vollspritzte, doch nach ihrem Vater hätte ich keine Lust mehr auf sie gehabt. So aber, mit frisch gereinigtem ‚Ofen‘, nahm ich sie gern noch einmal in Beschlag, und bald fickten wir lange und leidenschaftlich. Ihr Vater schnarchte auf dem anderen Bett zufrieden.

Wir sind drei Tage geblieben, in dieser Zeit fickte Bella jeden Tag mit ihrem Vater. Es geschah dann auch nicht in der Dunkelheit, er steckte ihr seinen Schwanz auch bei vollem Licht rein.

»Du bist ein guter Mann für meine Tochter«, sagte er dann. »Ich bin glücklich, daß sie einen solchen guten Mann bekommen hat!«

Wir wollten eigentlich eine Woche bleiben, doch

die Atmosphäre in der kleinen Wohnung war ziemlich drückend. Wir wollten von hier direkt zu meiner Mutter fahren, doch wir hatten noch vier Tage bis zu unserer angekündigten Ankunft, so fuhren wir nach dem dritten Tag nach Hause.

Auf der Rückreise ereignete sich dann etwas, was unser Blut in Wallung gebracht hatte. Wir fuhren mit dem Zug. Wir saßen alleine im Abteil, und ich spielte mit dem Gedanken, Bella ein bißchen zu befummeln. Sie saß mir gegenüber, ihr Rock war etwas hochgerutscht, so daß ihre nackten Oberschenkel zu sehen waren. Es war nur selbstverständlich, daß sich mein Schwanz sofort versteifte. Da trat ein junger Mann in unser Abteil. Er war elegant gekleidet und sah gut aus. Ich merkte sofort, daß er Bella mit großen Augen anstarrte. Ich wandte mich von Bella etwas ab, als ob wir nicht zueinander gehörten. Bella hat mit ihrem weiblichen Instinkt meine Gedanken sofort erraten und tat auch alles, um das Interesse des jungen Mannes zu erwecken. Sie kokettierte unverblümt mit ihm.

Ich stand auf und ging auf den Korridor. Ich stellte mich dort so auf, daß ich von der Seite das Geschehen im Abteil beobachten konnte. Bald sah ich, daß Bella eine angeregte Konversation mit dem jungen Burschen angefangen hatte. Sie sprachen miteinander, wobei ihre Köpfe sich einander immer mehr näherten. Einmal hat Bella ihre Hand auf den Oberschenkel des Burschen gelegt, und ich konnte auch vom Korridor her deutlich sehen, wie sich sein Schwanz unter der Hose ausbeulte.

Nach eine Weile kam Bella aus dem Abteil. Ich trat einige Schritte weiter, damit der Mann nicht sehen konnte, daß wir miteinander sprachen.

»Er ist ganz geil«, sagte mir Bella schmunzelnd.

»Willst du mit ihm ficken?« fragte ich.

»Ehemm!« sagte Bella als Bestätigung. »Aber hier geht es nicht!«

»Geht doch in die Toilette«, empfahl ich, was Bella sofort toll fand.

Sie kehrte in das Abteil zurück, sprach kurz mit dem Jüngling, dann kam sie wieder heraus und verschwand in Richtung Toilette, wobei sie mir einen bedeutungsvollen Blick zuwarf. Es dauerte keine zwanzig Sekunden, da kam auch der junge Mann heraus und ging in Richtung Toilette. Als ich ihnen kurze Zeit später nachging, waren sie nirgendwo zu sehen, und die Anzeige an der Toilettentür zeigte auf ‚Besetzt‘.

Ich weiß nicht, wie lange es gedauert hatte, bis der junge Mann zu unserem Abteil zurückkehrte. Sein Gesicht war gerötet, seine Haare ein bißchen in Unordnung und an seinem Hosenbein war ein verräterischer, aber unverkennbarer, weißer Fleck.

Dann kam auch Bella, doch sie ging nicht in das Abteil. Sie blieb neben mir stehen. Sie atmete immer noch heftig.

»War es schön?« fragte ich sie.

»Ja«, antwortete sie, »er fickt sehr gut!«

Genau diese stereotype Antwort habe ich von ihr erwartet. Dann ergriff ich ihren Arm und zog sie hinter mir in die Zugtoilette. Mit glücklichem Lächeln

auf ihrem Gesicht folgte sie mir. Genau diese Reaktion hat sie von mir erwartet.

Ich verriegelte die Tür von innen.

»Wie hat er dich gefickt«, fragte ich, »von hinten oder von vorne?«

»Von hinten«, sagte Bella und drehte sich gleich um, um in die Position zu gehen, in der sie soeben gefickt wurde.

Sie hob ihren Rock hinten an, so daß ihr süßer Arsch sichtbar wurde. Dann bückte sie sich ein wenig nach vorne und stemmte ihre Hände gegen die Kabinenwand.

Mein Schwanz war steinhart. Die Absurdität der Situation machte mich, ja, ich glaube uns beide, unheimlich geil. Ich befreite meinen Pimmel aus der Hose und steckte ihn von hinten zwischen Bellas Arschbacken. Bella griff mit einer Hand nach hinten und führte meine Schwanzspitze zu ihrer Öffnung. Glatt drang ich in ihre geölte Möse ein und begann, sie zu stoßen, was sie mit heftigen Bewegungen ihres Arsches erwiderte.

»Hat er einen schönen Pimmel?« wollte ich wissen.

»Ich weiß nicht«, kam Bellas Antwort. »Ich habe ihn nicht gesehen, nur gefühlt.«

»War er gut?«

»Ja, er fickt sehr gut!«

Nach dieser Antwort mußte ich natürlich gleich abspritzen.

Das Verhältnis zwischen den beiden wurde immer

freier. Jedesmal wenn Bella ein Auge auf einen fremden Mann warf, wurde Micky geil. Der Auslöser war
anscheinend immer Bellas Geilheit, die auf Micky
übersprang. Nun, solange es den beiden Freude
machte und zunehmend Genuß bereitete, war nichts
dagegen einzuwenden. Auch das immer häufigere
Vorkommen solcher Ereignisse machte mir keine Sorgen, solange keine richtige Eifersucht dabei entstand.
Doch was ich immer noch nicht herausgefunden habe, war, woher Mickys psychische Schwierigkeiten
stammten.

XIX

Unser nächster Besuch galt meiner Mutter, die ich seit Jahren nicht mehr gesehen hatte. Wir hatten unsere Ankunft angekündigt, trotzdem standen wir vor verschlossener Tür, als wir bei ihr angekommen waren. Wir drückten den Klingelknopf minutenlang, wir hämmerten an der Tür, doch niemand meldetete sich. Es wurde uns nicht geöffnet. Erst als wir vor dem Fenster standen, schaute meine Mutter zufällig hinaus und entdeckte uns.

Mutter war schon in ihren jungen Jahren ein wenig schwerhörig. (Vater sagte auch oft, daß es besser ist, wenn sie nicht alles hört.) Diese Hörschwäche hatte sich aber in den letzten zwei Jahren so verschlechtert, daß sie ohne Hörgerät gar nichts mehr hören konnte. Und heute sie hatte einfach vergessen, das Hörgerät einzuschalten, deshalb konnte sie unsere ‚Einbruchsversuche' nicht wahrnehmen.

Außer dieser kleinen Schwäche hat sich Mutter sehr gut gehalten; sie war ganz jugendlich, von ihren fünfzig Jahren hätte sie zehn ruhig leugnen können. Sie war sehr gerührt, mich wiederzusehen, und Bella nahm sie liebevoll in die Arme.

»Jetzt habe ich auch eine Tochter«, sagte sie, was wiederum Bella zu Tränen rührte.

Mutter litt unter der Einsamkeit sehr. Sie liebte

meinen Vater immer noch. Sie sagte, der kleine Seitensprung, der ihr zum Verhängnis wurde, geschah nur aus einer Laune heraus und auch nur unter Alkoholeinfluß. Sie hatte es versucht, neuen Anschluß zu finden, doch sie hatte nur einige wenige kurze Bekanntschaften, die sie aber nicht befriedigen konnten. Die mit meinem Vater verbrachten Jahre waren nicht vergangen, ohne Spuren zu hinterlassen, und sie bereute tausendmal den Fehltritt, der zur Trennung führte.

Mutter hatte keine finanziellen Nöte; sie stammte aus einer reichen Familie, hatte einiges Vermögen in Wertpapieren, außerdem bekam sie auch regelmäßige Unterstützung von meinem Vater. Sie hatte eine kleine, aber hübsche Wohnung, die schön eingerichtet war. Auf der Kommode stand ein Foto von mir und eins von Vater, was mich sehr berührte.

Am zweiten Tag unseres Besuches ging ich mit Bella einkaufen, während Mutter zu Hause das Abendessen vorbereitete.

Plötzlich sagte Bella: »Deine Mutter tut mir leid. Dein Vater könnte ihr doch verzeihen.«

»Du kennst meinen Vater nicht«, sagte ich. »Er ist kein schlechter Mensch, aber er hat – wie er sagt – ‚Prinzipien‘, und davon war er nie bereit abzurücken. Er hat auch gerne anderen Frauen nachgeschaut, doch es blieb immer beim Schauen. Bestimmt hätte er auch mal Lust gehabt, die eine oder andere zu vögeln, aber seine strenge Erziehung hinderte ihn daran, seine geheimen Wünsche auszuleben. Sonst hätte er si-

156

cherlich auch Verständnis für die Schwächen anderer – auch die meiner Mutter – gehabt.«

»Sie leidet unter der Einsamkeit«, sagte Bella. »Ich habe mich mit ihr unterhalten. Ihr fehlt der Partner in erster Linie psychisch, sie ist kein Mensch, der alleine leben kann, ohne seelischen Schaden zu nehmen. Ich glaube, auch ihre fortschreitende Taubheit hat psychische Ursachen, was ihr übrigens auch ihr Arzt bescheinigt hatte. Doch sie leidet an dem Liebesentzug auch im körperlichem Sinne. Sie ist noch viel zu jung, um auf körperliche Liebe zu verzichten. Sie hat sich bitterlich beklagt, daß sie diese Askese nicht mehr ertragen kann.«

»Hat sie dir erzählt, ob sie schon andere Männer gehabt hat?« wollte ich wissen.

»Ja«, sagte Bella, »mit zwei Männern war sie schon im Bett. Doch sie fand die beiden fremd, konnte keine innere Beziehung zu ihnen aufbauen. Sie sehnt sich nach ihrem Mann, der – wie sie sagt – auch im Bett sehr gut war. In der letzten Zeit, wenn sie mal wieder nicht schlafen kann, weil sie geil wird, flüchtet sie sich in Phantasien, während sie masturbiert. Aber sie klagt, daß die einfache Vorstellung, mit einem Mann zusammen zu sein, sie nicht mehr befriedigt. Ihre Phantasien nehmen immer wildere Formen an, und sie befürchtet, bald in ein Stadium zu kommen, wo sie ein normaler Geschlechtsverkehr nicht mehr befriedigen kann.« Dann schaute mich Bella an. »Könnten wir nicht mit deinem Vater sprechen? Er soll sich mit ihr doch aussöhnen!«

»Versuchen können wir das«, antwortete ich, »doch viel Hoffnung habe ich nicht.«

Der erste Abend, den wir bei Mutter verbrachten, war kurz; wir waren von der Reise erschöpft und froh, früh schlafen gehen zu können. In dieser ersten Nacht habe ich Bella auch nicht angerührt. Abgesehen von der Müdigkeit wirkte auf mich auch die Tatsache hemmend, daß wir in demselben Zimmer mit Mutter schliefen. Mutter hatte nur ein – übrigens sehr bequemes – Bett, das sie uns überließ. Sie schlief auf einer Chaiselongue, die direkt neben dem Bett stand. In dem kleinen Zimmer hätte man sie nicht anders plazieren können.

Der zweite Abend verlief aber geselliger. Wir haben uns nach dem Essen lange unterhalten und über allerhand Themen diskutiert, wobei – wie Geister der Vergangenheit – immer wieder Erinnerungen aus den alten Zeiten auftauchten, wo wir drei, Mutter, Vater und ich, noch glücklich zusammenlebten.

Aus dem Radio tönte schöne Tanzmusik, so nahm ich Bella in die Arme und tanzte mit ihr, soweit der eingeschränkte Platz in dem kleinen Zimmer zwischen den Möbeln es erlaubte. Dann flüsterte mir Bella zu: »Tanz auch mal mit deiner Mutter!«

So bat ich Mutter zum Tanz, und sie legte fröhlich ihren weichen Arm um meinen Hals.

Ein langsamer Tango erklang. Ich spürte Mutters Gesicht an meiner Wange. Ihr Körper sandte Wärme in den meinen. Sie tanzte sehr eng mit mir. Sie hielt ja

ihren lange nicht gesehenen Sohn in den Armen. Doch diese Körpernähe verfehlte ihre Wirkung nicht, und obwohl ich nie sexuelle Phantasien in Zusammenhang mit meiner Mutter hatte, bekam ich plötzlich eine Erektion. Ich tanzte fortan nicht mehr so eng, doch ich glaube, sie hat es bemerkt, denn sie sah mich seltsam an.

Als wir aufhörten zu tanzen, wandte ich mich von ihr ab, um meinen Schwanz in der Hose zu richten.

Aber auch das hatte sie bemerkt, und sie sagte einfach: »Du brauchst dich dafür nicht schämen. Du bist doch erwachsen. Geh jetzt mit deiner Frau zu Bett.

In diesem Moment fiel mir wieder ein, was sich vor langer Zeit abgespielt hatte, und was ich schon lange vergessen hatte: Fast die gleichen Worte hatte Mutter zu mir gesagt, als sie mich in der Pubertät beim Wichsen erwischt hatte ...

Es war ein Sommernachmittag damals, ich war alleine zu Hause. Ich saß in meinem Jugendzimmer und sollte eigentlich meine Hausaufgaben machen. Doch statt dessen holte ich das Pornoheft aus meiner Schultasche, das mir ein Klassenkamerad geliehen hatte, und blätterte die Seiten mit den schwarzweißen Abbildungen nackter Frauen durch. Mein Schwanz meldete sich sofort, so holte ich ihn aus der Hose und begann, ihn zu wichsen. Ich war so in diese Beschäftigung vertieft, daß ich nicht bemerkte, daß Mutter nach Hause kam. Ich schreckte erst auf, als sie in mein Zimmer trat.

Ich hatte mich sehr erschrocken. Das Heft fiel auf

den Boden, so konnte Mutter es nicht sehen, aber daß ich meinen Schwanz in der Hand hielt, konnte ich nicht mehr vertuschen. Doch anstatt mich auszuschimpfen – was ich befürchtete – sagte Mutter nur, als sie meinen verzweifelten Gesichtsausdruck sah: »Micky, du mußt dich dafür nicht schämen. Du bist fast erwachsen, in deinem Alter ist das eine ganz natürliche Sache. Aber bitte, schließ dabei deine Tür zu.«

Nie mehr hatte sie diese Sachen erwähnt. Ich glaube, mein Vater hätte mich an ihrer Stelle geohrfeigt.

Micky meint, er hätte nie sexuelle Phantasien in Bezug auf seine Mutter gehabt. Obwohl er das ehrlich meint, irrt er sich. Jeder Knabe hat solche, auch wenn ihm diese nicht bewußt werden. Die erste Körperberührung, die man erlebt, ist die mit der Mutter, wenn man nach der Geburt auf ihre Brust gelegt wird. Diese allererste Erfahrung prägt sich tief ins Unterbewußtsein ein und läßt sich von da nie mehr vertreiben. Doch in den meisten Fällen bleibt dieses erste körperliche Gefühl im Verborgenen und gelangt erst an die Oberfläche, wenn ein wirklich intensives neues Erlebnis es zum Leben erweckt. Das könnte der Fall sein, wenn der Junge seine Mutter nackt erblickt oder aber, wenn er mit ihr in enge körperliche Berührung kommt wie zum Beispiel beim Tanzen. Dann wird die erste (unbewußte) Liebe eines jeden Jungen (nämlich: zu seiner Mutter) wieder erweckt. Das sollten alle diejenigen, die eine inzestuöse Beziehung zwischen Mutter und Sohn verurteilen, bedenken.

160

XX

Bella und ich gingen zuerst ins Bad. Während wir gemeinsam duschten, griff Bella an meinen Schwanz, der immer noch angeschwollen war.

»Du hast einen Steifen bekommen, während du mit deiner Mutter getanzt hast. Hat dich das aufgegeilt?« fragte sie.

Ich schaute sie empört an.

»Wie kannst du sowas nur denken? Ich und meine Mutter! Lächerlich!«

»Was ist daran lächerlich?« wunderte sich Bella. »Deine Mutter ist für ihr Alter noch sehr hübsch. Hast du bemerkt, wie schön ihre Beine immer noch sind?«

»Denkst du vielleicht, daß ich auf meine eigene Mutter geil bin? Will ich vielleicht mit ihr ins Bett? Das wäre doch Inzest!«

»Ich bin ja auch mit meinem Vater ins Bett gegangen, und ich fand nichts Schlechtes daran«, konterte Bella.

»Ach, das ist was ganz anderes«, entfuhr es mir.

»So?« Bella wurde plötzlich wütend. »Vielleicht weil mein Vater kein feiner Herr ist, oder ...«

Ich sah ein Gewitter heraufziehen, deshalb unterbrach ich sie, indem ich sie küßte.

»Verzeih mir, Liebste, du verwirrst mich! Ich weiß selber nicht, was ich sage!«

Als wir dann schon im Pyjama gekleidet in das Zimmer zurückkehrten, sah ich, wie Mutter ihr Hörgerät ablegte, bevor sie ins Bad ging. Hoffentlich waren wir im Bad nicht zu laut, hoffentlich hat sie nicht mitbekommen, worüber wir gesprochen haben. Als sie zurückkam, hatten wir uns bereits ins Bett gelegt.

Wir sagten uns gute Nacht, und dann machten wir das Licht aus.

Ich war tatsächlich etwas aufgewühlt. Einerseits hatte mir Bella mit ihrer Bemerkung einen Stachel ins Fleisch gesetzt. Denn ich war selbstverständlich nicht scharf auf meine eigene Mutter. Allerdings war es zutreffend, daß ich beim Tanz mit ihr einen Steifen bekommen hatte. Lag es vielleicht daran, daß ich seit drei Tagen nicht mit Bella geschlafen hatte, oder hatte vielleicht die Nähe und die Berührung eines weiblichen Körpers meine Erregung verursacht? Mutter war ja schließlich auch eine Frau und nicht nur Mutter, die mich auf die Welt gebracht hat.

Als Mutter nach dem Bad den Bademantel ablegte und ins Nachthemd schlüpfte, war sie nur mit einem Büstenhalter und einem Höschen bekleidet. Ich hätte darauf bestimmt nicht geachtet, wenn Bella meine Aufmerksamkeit nicht auf ihre Beine gelenkt hätte. Ich mußte beim Hinschauen feststellen, daß sie sehr schlanke Beine mit fraulichen Formen hatte. Auch ihr Körper war ganz passabel. Sie war eine reife, schöne Frau. Als sie den Büstenhalter ablegte, stand sie zwar mit dem Rücken zu uns, doch ich konnte ihre Brust für einen Moment erblicken, und für deren Form hät-

te sie sich sicherlich auch nicht schämen müssen. Und als sie schließlich unter das Nachthemd griff, um ihren Schlüpfer nach unten zu schieben und abzulegen, das war wirklich ein pikanter Anblick.

Tatsache war, daß ich jetzt, wo ich neben Bella lag, einen steifen Schwanz hatte. Ich wollte das der körperlichen Nähe meiner Frau zuschreiben.

Wir lagen ziemlich lange schweigend nebeneinander, aber wir schliefen nicht. Liebend gerne hätte ich Bellas Beine auseinandergeschoben, um mich dazwischen zu drängeln, doch Mutter schlief mit Sicherheit noch nicht. Gerne hätte ich auch Bella angefaßt und sie gestreichelt, aber das wagte ich nicht, weil ich wußte, daß wir nicht mehr aufhören können, wenn ich einmal damit angefangen hätte. Und ich wußte nicht, wie Mutter darauf reagieren würde. Ja, sie weiß, daß ich verheiratet bin und mit meiner Frau im Bett liege, und sie weiß auch, was Eheleute dort zu tun pflegen, aber es hätte ihr sicherlich nicht gefallen, daß ich nicht mal solange warte, bis sie eingeschlafen wäre. Auch hätte sie mit Recht erwarten können, daß ich darauf Rücksicht nehme, daß sie schon lange alleine lebte und die Geräusche eines kopulierenden Paares ihre Gefühle aufwühlen könnten.

Ich legte meinen Mund an Bellas Ohr und flüsterte: »Du, wenn ich dich nicht sofort ficken kann, hole ich mir einen runter!«

Bella lachte laut auf.

»Pssssst!« ermahnte ich sie, doch sie lachte weiter.

»Du mußt nicht flüstern. Deine Mama hört uns

163

nicht. Ich habe gesehen, wie sie ihr Hörgerät abgelegt hat, und ohne das Gerät hört sie gar nichts. Wir hätten gestern ihre Tür einschlagen können, auch das hätte sie nicht bemerkt!«

Tatsächlich, ich erinnerte mich, daß auch ich gesehen hatte, wie sie ihr Hörgerät ablegte.

»Heißt das, daß wenn ich dich jetzt ficke, sie davon nichts merken wird?«

»Mit Sicherheit nichts! Auch meine Fotze juckt schon ungemein. Komm, laß mal deinen Schwanz fühlen. Oh, der ist ja steinhart! Und heiß ist er, als ob er Fieber hätte! Oh, mein Kleiner, du bist doch unheimlich geil. Komm, steck ihn mir rein, ich brauche ihn auch dringend.«

In der Gewißheit, daß Mutter uns nicht hören konnte, steckte ich meinen Schwanz in Bellas fiebernde Fotze. Nur so von der Seite, ich wollte mich nicht auf sie legen; von der Straße kam soviel Licht in das Zimmer, daß Mutter hätte sehen können, wie ich da auf ihr liege und wie mein Arsch beim Ficken auf und nieder geht.

Heiß und feucht empfing mich Bellas Scheide. Als meine Eichel ihre Fickröhre durchdrang, fühlte ich tausend Blitze der Wollust in meinem Körper zucken. Vorsichtig begannen wir, uns zu bewegen. Es war sehr schön, nach drei Tagen wieder einmal Bellas wunderbare Möse von innen zu spüren, und unsere Bewegungen wurden immer heftiger. Wenn ich jetzt an die Situation zurückdenke, weiß ich, daß es uns auch besonders angetörnt hat, daß wir neben meiner

164

schlafenden Mutter fickten.

Dann konnte sich Bella nicht mehr zurückhalten. Sie riß sich von mir los und hockte sich über mich. Sie führte meinen Schwanz zu ihrer Spalte und ließ sich darauf nieder. Dann begann sie, mich zu reiten. Ich erfaßte mit meinen ausgestreckten Händen ihre Brüste. Die Pyjamahosen hatten wir schon lange abgestreift, jetzt zog Bella auch die Jacke über den Kopf und warf sie zur Seite. Sie war nun völlig nackt.

Wir waren schon in der schönsten Phase unseres Liebesspiels, da erstarrte Bella plötzlich. Sie hörte auf, mich zu reiten.

»Was ist los?« fragte ich.

Ich war nicht laut, aber ich flüsterte auch nicht. Bella antwortete nicht, sie deutete nur mit ihrer Hand in die Richtung, wo Mutter neben unserem Bett auf der Chaiselongue lag.

Ich schaute hin. Die Chaiselongue war niedriger als das Bett, auf dem wir lagen, so daß wir Mutter quasi von oben betrachten konnten. In dem von der Straße durch das Fenster fallenden Licht konnte ich alles deutlich sehen. Und was ich sah, ließ meinen Atem stocken:

Mutter lag auf dem Rücken. Ihr Nachthemd war bis zu ihrem Hals hochgeschoben, so daß ihr ganzer Körper nackt war. Mit einer Hand massierte sie ihre Brust und zog an ihrer Brustwarze, ihre andere Hand befand sich zwischen ihren gespreizten Schenkeln und bewegte sich heftig an ihrer behaarten Muschi. Mutter befriedigte sich!

Als ich die Situation richtig erfaßt habe, explodierte mein Schwanz in Bellas Fotze, und ich spritzte ab.

Bella blieb natürlich unbefriedigt, doch sie lamentierte nicht. Sie kletterte von mir herunter, und nun schauten wir beide zu, wie Mutter mit geschlossenen Augen ihre Muschi bearbeitete und dabei auch ziemlich laut stöhnte, was wir vorhin, während wir selbst beim Ficken waren, überhaupt nicht wahrgenommen hatten.

»Arme Mama!« sagte Bella. »Sie braucht so dringend Befriedigung und hat niemanden, mit dem sie ficken könnte. Schrecklich!« Nach eine Weile sagte sie dann: »Hat dich das erregt, daß deine Mama neben dir wichst? Du hast so schnell abgespritzt! Zeig mal! Ach, dein Schwanz steht schon wieder. Oder immer noch? Macht dich das geil, was du siehst?«

»Ich weiß nicht«, antwortete ich, und das war die Wahrheit.

»Schau, wie schön sie noch ist«, sagte Bella. »Sie hat sehr schöne Titten. Schau mal, wie sie sie knetet. Die Arme! Ich möchte ihr so gerne helfen!« Dann sagte sie plötzlich: »Du, Schatz, streichle mal ihre andere Brust!«

»Bist du verrückt?« fuhr ich sie an. »Es ist meine Mama!«

»Eben deshalb! Willst du ihr nicht helfen?«

»Sie würde mich ohrfeigen«, sagte ich.

»Sie wird das nicht tun. Ich bin eine Frau, ich weiß, wie sie fühlt. Komm, hilf ihr. Wenn ihre beiden Titten gereizt werden, wird sie vielleicht schneller fertig!«

»Meinst du wirklich?«

»Aber ja doch!«

Ich streckte meine Hand aus und berührte sachte die freie Brust meiner Mutter. Ich war immer darauf gefaßt, mich zurückzuziehen, wenn sie auf meine Annäherung negativ reagieren sollte. Sie wehrte mich tatsächlich nicht ab. Ich umklammerte nun ihre Brust, und das Gefühl in meinem Handteller war unbeschreiblich. Mein Schwanz versteifte sich so sehr, daß er fast schon weh tat.

Ich begann, ihre Brust zu streicheln. Erst nur zart und mit kreisenden Bewegungen, dann reizte ich ihre Brustwarze. Mutter stöhnte laut auf. Dann legte sie plötzlich ihre Hand auf die meine und drückte sie noch fester auf ihre Brust.

»Siehst du?« triumphierte Bella. »Mach weiter!«

Und ich machte weiter. Ich knetete ihre Brust, und das brachte mich in eine Euphorie. Ich war irgendwie sehr glücklich. Es war ein wunderbares Gefühl, die Mutterbrust zu streicheln und zu kneten. Sie war weich und trotzdem elastisch. Dieses Gefühl kann nur verstehen, wer wirklich einmal die Brust seiner Mutter berührte.

Dann hörte ich wieder Bella sagen: »Greif ihr an die Fotze! Streichle ihre Fotze!«

»Das geht nicht!« protestierte ich.

»Doch, das geht! Du wirst sehen, sie wird nichts dagegen haben. Sie wird es genießen! Ihre Fotze ist heiß und geil, sie braucht die Berührung eines Mannes!«

»Du, wenn sie jetzt hören könnte, wie du über sie

sprichst, würde sie uns auf die Straße setzen!«

»Aber sie hört uns nicht! Greif ihr an die Fotze! Ich übernehme die Verantwortung!«

Ich weiß nicht, auf welche Weise sie die Verantwortung hätte übernehmen können, aber nicht das war in diesem Moment wichtig. Die Wahrheit war, daß auch meine Hand sich danach sehnte, den Schoß meiner Mutter zu berühren. Und so ließ ich sie langsam nach unten über ihren Bauch wandern. Ich war jede Sekunde darauf vorbereitet, daß sie meine Hand abwehren würde, doch sie tat es nicht. Schließlich erreichte ich den Punkt, wo sich ihre Beine trafen, und umfaßte ihre Vulva.

Sie zog ihre Hand, mit der sie bis dahin ihre Klitoris bearbeitete, zurück, um meiner Hand freie Bahn zu gewähren. Dann begann sie, mit beiden Händen ihre Brüste zu bearbeiten. Warm schmiegte sich die mütterliche Fotze in meine Hand. Sie war feucht, und ihre Spalte war offen. Mein Finger glitt zwischen die Schamlippen und traf den kleinen Knopf, den sie bisher bearbeitet hatte.

»Ach! Ach!« stöhnte Mutter auf.

Ich fühlte mich wie trunken. Mit meiner Hand begann ich, in ihrer Scheide zu wühlen. Mutter warf ihr Becken hoch, um meiner Hand entgegenzukommen. Jetzt hörte sich ihr Stöhnen wie ein Schluchzen an.

»Fick sie!« hörte ich Bella sagen. »Fick sie!«

»Nein!« sagte ich.

»Fick sie! Sie braucht das! Hilf deiner Mutter! Siehst du nicht, wie sehr sie das braucht? Worauf war-

168

test du? Fick sie! Fick sie!«

Ich kletterte auf die Chaiselongue rüber. Ich kniete mich zwischen Mutters geöffnete Schenkel. Ich beugte mich nach vorne und drückte einen Kuß auf ihre unteren Lippen. Ich hörte sie laut »Jaaaaaaaaah!« sagen. Dann strich ich mit Spitze meines Schwanzes über ihre Spalte und versenkte sie langsam in der Scheide meiner Mutter.

Ich versuche es gar nicht zu schildern, was ich fühlte. Worte reichen dazu nicht aus. Tatsache war nur, daß ich mich in eine andere Bewußtseinsebene versetzt fühlte, wodurch alle meine Sinne tausendfach verstärkt reagierten. So intensiv fühlte ich bis dahin keine Fotze mit meinem Schwanz. Ich war berauscht. Ich fickte meine Mutter, und mein Mund saugte sich dabei an ihrer Brust fest, mit der sie mich einst ernährte.

Ich erlebte in dem Moment einen Orgasmus, in dem auch Mutter ihren Unterleib wild gegen mich drückte. Ich spürte mit meinem Schwanz, daß auch ihre Scheide sich in einem Orgasmus verkrampfte.

»Ach, mein Sohn!« schrie sie dabei.

Ich konnte nicht schreien. Ich hatte nur noch ein Gefühl, nämlich, daß mein ganzes Ego durch meinen Schwanz in die mütterliche Fotze gespritzt wird.

Wie ich von ihr herunter und zu Bella ins Bett kam, daran kann ich mich nicht mehr erinnern. Ich weiß nur noch, daß Bella sanft mein Gesicht liebkoste und mich so in den Schlaf streichelte.

Was da geschah, war ein wesentlicher Wendepunkt in Mickys Leben. Er hat in demselben Moment, als er sein Glied in die Scheide seiner Mutter einführte, die strenge Erziehung seines Vaters, die ihm in seiner Jugend eingeprägten Konventionen und Dogmen und all die ihm anerzogenen Zwänge abgelegt. Er hat sich in diesem Moment eigentlich befreit, auch wenn gleichzeitig in ihm auch im Unterbewußtsein Schuldgefühle entstanden sind. Man kann die eingefleischten Dogmen nicht in einer einzigen Sekunde ablegen, ohne daß Reste davon immer wirken. Das Inzest-Tabu ist sehr stark, und wäre ihm seine Mutter sexuell nicht entgegengekommen, hätten in ihm ernsthafte seelische Wunden entstehen können.

Jetzt weiß ich auch, woher seine Probleme stammen: Aus diesem inzestuösen Erlebnis. Da es aber in völligem Einklang mit seiner Mutter zustandegekommen ist, bin ich sicher, daß ich ihm die Schuldgefühle ausreden kann.

XXI

Am nächsten Morgen waren sowohl Mutter als auch ich etwas verlegen, nur meine Bella, das Naturkind, zwitscherte, als ob in der vorherigen Nacht nichts Außergewöhnliches geschehen wäre. Sie fragte auch, was mit uns beiden ist, warum wir so verwirrt sind.

Es brach aus mir heraus: »Begreifst du nicht? Ich habe mit meiner eigenen Mutter geschlafen!«

»Und, war es so schlecht?« fragte Bella. »Ich hatte das Gefühl, daß es für dich sehr schön war. Und was ist schon dabei? Ich habe auch mit meinem Vater gefickt. Und bin ich deshalb schlecht?«

Ich konnte ihr keine Antwort geben.

Mutter aber ging zu ihr, umarmte sie und sagte: »Du bist eine gute Seele, Bella. Ich bin froh, daß mein Sohn dich gefunden hat. Du bist ehrlich, offen und natürlich, was ich bisher nicht sein konnte. Ich war nicht frei. Aber jetzt fühle ich mich, dank dir, frei.« Es entstand eine kurze Stille, dann fuhr Mutter fort: »Da du so offen bist, will auch ich offen zu euch sein. Ich habe in der Nacht alles gehört, weil ich mein Hörgerät in der Dunkelheit wieder angelegt habe, und ich weiß, daß ich es nur dir zu verdanken habe, daß mein größter Wunschtraum, einmal mit meinem eigenen Sohn zu schlafen, in Erfüllung ging. Ich lebe seit langer Zeit alleine, ohne Erfüllung, und bin nur auf meine Träu-

me angewiesen. Ich war immer schon sinnesfreudig veranlagt. Ich weiß, daß auch mein Mann ähnlich fühlt, aber er konnte wegen seiner prüden Erziehung nicht aus sich herausgehen. Deshalb fand ich bei ihm nicht immer die große Befriedigung. Aber auch das war besser, als das, was ich mir jetzt mit meinen Fingern verschaffen kann. In meiner Einsamkeit betrachtete ich die Fotos von meinen Mann und das meines Jungen. Und während ich mir auf selbstquälerische Weise etwas Erleichterung zu verschaffen versuchte, ergänzte ich die karge Wirklichkeit mit Phantasien. Zuerst waren das ganz einfache Vorstellungen, mit denen ich meine Geilheit zu erhöhen versuchte, doch mit der Zeit reichen diese nicht mehr aus; sie werden langweilig und man wagt es, immer mehr, ja, unerlaubte Wünsche im Geiste auszuleben. Und die Phantasien wurden immer wilder, und schließlich war ich so weit, daß ich in Gedanken nicht nur meinen Mann, sondern immer mehr auch meinen Sohn in meine Wunschvorstellungen einbezog. Ich dachte, dieser Wunsch sei abwegig und würde nie Wirklichkeit werden, doch dank deiner Einwirkung hat mich mein Sohn geliebt. Und ich war dabei so glücklich wie noch nie zuvor im Leben.«

Mutter stand vor dem Fenster, mit dem Rücken zu uns. Sie konnte uns während ihrer Beichte nicht anschauen. Ich verspürte plötzlich eine unendliche Zuneigung und Zärtlichkeit ihr gegenüber. Ich trat hinter sie und umarmte sie von hinten. Mutter sagte ‚Ach‘, und neigte ihren Kopf nach hinten, so daß sich unsere

Wangen berührten. Sie ergriff meine Hände und legte sie auf ihren Busen. Warm schmiegten sich ihre Brüste in meine Handteller.

Sie drückte ihren Hintern gegen mich, und ich spürte, wie sich mein Glied versteifte. Aus den Augenwinkeln sah ich, daß Bella mir ermunternd zuwinkte. Da löste ich meine Hände von Mutters Brüsten und begann, ihren Rock hinten langsam nach oben zu ziehen. Ganz hoch. Dann streifte ich ihren Schlüpfer nach unten bis unter ihre Kniekehlen. Ihre runden, wohlgeformten Hinterbacken waren strahlend weiß und ließen meinen Schwanz noch härter werden.

Ich befreite meinen Pimmel aus dem Hosenschlitz und drückte ihn gegen Mutters Hintern. Sie griff nach hinten und zog mich noch enger an sich. Es war ein wunderbares, beglückendes Gefühl, als mein Schwanz in die Kerbe ihres Hintern drang. Ich spürte, wie sie ihre Arschbacken zusammendrückte, um mich besser zu fühlen.

Dann berührte meine Schwanzspitze von hinten ihre Spalte, die mich heiß und feucht empfing. Mit einer Aufwärtsbewegung stieß ich so im Stehen in ihre Scheide. Das Gefühl war so intensiv, daß ich aufschreien mußte.

Mutter hechelte: »Komm, mein Kind! Komm, gib es mir! Komm, fick mich! Fick deine arme Mutter!«

Ich habe sie noch nie so sprechen gehört, solche Worte hatte sie vor mir nie in den Mund genommen. Ich wurde plötzlich ganz wild. Ich zog meinen Schwanz zurück, drehte sie um und zwang sie zum

Chaiselongue. Sie lag da, vor meinen Augen, ihr Rock hochgeschoben, ihr Unterkörper weiß und nackt, und ihre behaarte Muschi mit der klaffenden Spalte raubte meine Sinne. Ich schob ihre Beine etwas auseinander und betrachtete ihre Fotze aus unmittelbarer Nähe. Sie war schön. Sie war feucht und offen, und ihr entströmte der Duft der Geilheit, der in meine Nase drang und meinen Pimmel stahlhart werden ließ. Ich küßte diese teure mütterliche Fotze, die mir das Leben geschenkt hat. Ich leckte sie, und mein Mund genoß jede Berührung.

Dann legte ich mich auf sie und begann, sie heftig zu ficken.

Mutter umarmte mich mit beiden Händen. Sie bedeckte mein Gesicht mit tausend Küssen, dann steckte sie ihre Zunge in meinen Mund, und sie schmeckte nach Liebe.

»Komm, mein Liebling«, kamen die Worte keuchend aus ihrem Mund, »komm, fick mich. Oh, was machst du mit mir? Micky, mein Sohn, was machst du mit mir? Sag mir, was du mit mir machst!«

»Ich ficke dich, Mutter. Ich liebe dich, und ich ficke dich. Mein Pimmel ist in deiner Fotze, und sie ist süß. Komm, laß es dir kommen!«

Und sie erlebte zwei gigantische Orgasmen hintereinander. Als sie dann zum dritten Mal zu jauchzen begann, konnte ich mich auch nicht mehr zurückhalten und spritzte los. Ich hörte meine Stimme, wie aus unendlicher Weite: »Mama! Mama! Achhhhhhh!«

Als mein Kopf wieder klar wurde, sah ich, daß Bella

neben uns auf der Chaiselongue saß und uns lächelnd zuschaute.

»Das war echt schön!« sagte sie. »Bist du glücklich, mein Schatz? Wenn du glücklich bist, bin ich auch glücklich!«

Mutter, die ich immer nur als untadelige Dame kannte, war jetzt ganz frei. Keine Scham, keine Reue und keine Zurückhaltung nahmen ihr die Freude. Wie sie später sagte, hat sie Bellas Natürlichkeit, mit der sie die Probleme des Lebens betrachtete, dazu ermuntert, die Fesseln der Konvention abzulegen. Wenn man schon mit seinem eigenen Sohn fickt, meinte sie, wäre es albern, noch die Verschämte zu mimen. Und darin hatte sie recht.

Die arme Bella hatte in den nächsten Tagen wenig von mir. Aber sie genoß die Situation. Sie ermunterte mich nicht nur, sie feuerte mich direkt an, öfter mit Mutter zu ficken. Sie befahl mir förmlich, ihre Muschi zu lecken, was ich natürlich liebend gerne tat, und sie lehrte Mutter auch, wie man den Schwanz so lutschen kann, daß der Mann davon den größten Genuß hat.

In den Tagen, die wir bei Mutter verbrachten, habe ich Bella insgesamt nur viermal gefickt, während Mutter meinen Pimmel mindestens fünfzehnmal zu spüren bekam. Sie, durch Bellas Einfluß ganz frei geworden, erzählte uns die wilden Phantasien, in denen sie schwelgte, die sie sich im Geiste ausmalte, während sie ihre arme, verwaiste Muschi mit ihren Fingern zu befriedigen pflegte. Und das hat uns alle drei so angestachelt, daß ich Mutter immer wieder ficken mußte,

während uns Bella zuschaute und masturbierte. Manchmal leckte ich auch ihre Fotze, während sich mein Pimmel in der Fotze meiner Mutter sehr glücklich fühlte.

Als wir dann von ihr wegfuhren, um meinen Vater zu besuchen, verabschiedete sie uns unter Tränen. Sie hörte nicht auf, uns zu küssen und betonte, daß Bella für sie keine Schwiegertochter wäre, sondern daß sie das Gefühl habe, daß sie ihre eigene Tochter ist, was Bella, die ja keine Mutter mehr hatte, um so glücklicher machte.

XXII

Das Bild, das uns mein Vater bot, war nicht sehr erfreulich. Er war sichtlich gealtert, das Alleinsein nahm ihm die Lebensfreude. Er begrüßte Bella freundlich, doch er konnte nicht die Wärme ausstrahlen, die Bella von meiner Mutter bekommen hatte. Nein, er war nicht unfreundlich, er benahm sich Bella gegenüber sogar sehr höflich, aber so, wie man sich einer fremden Dame gegenüber benimmt. Die verwandtschaftliche Herzlichkeit fehlte einfach.

Wie wir aus seinen kargen Worten heraushören konnten, war er gegenüber der Damenwelt ziemlich verbittert. Einerseits war das verständlich, nachdem er von Mutter gehörnt worden war, aber ich hatte das Gefühl, daß er auch von anderen Frauen Absagen bekommen haben mußte, was ihn dann griesgrämig stimmte. Aber wie kann man von einer Frau Entgegenkommen erwarten, wenn man sich ihr mürrisch nähert?

Ich versuchte, Bella zu erklären, daß es nicht ihre Person ist, die Kälte bei meinem Vater erzeugt, sondern sein Schicksal. Ich nahm an, und Mutter hat dieses Gefühl in mir auch bestätigt, daß Vater eigentlich ganz gesunde Triebe hatte, die er aber infolge der streng puritanischer Erziehung, die er in seiner Kindheit erhielt, unterdrückte beziehungsweise nicht aus-

zuleben wagte. Verzicht kann manchmal ganz gesund sein, aber zuviel Verzicht ist seelentötend.

Mir tat mein alter Herr leid. Er liebte mich; er war zwar streng, aber immer gut zu mir. Auch Bella fand er lieb, aber das Verhältnis zu ihr blieb doch sehr distanziert. Was ebenfalls schlimm war, daß wir auch hier in einem Zimmer mit ihm schliefen. Zwar standen die zwei Betten nicht nebeneinander, – Vater hatte sie, nachdem Mutter ihn verlassen hatte, an zwei gegen überliegende Wände geschoben – doch wir waren in einem Zimmer. Und abends muß man sich ja entkleiden. Gewiß, er wandte sich immer ab, als sich Bella entkleidete, aber alleine die Anwesenheit einer schönen Frau, die sich ihrer Kleider entledigt, wirkt auf einen Mann, der – wer weiß wie lange schon – keine Frau hatte, sehr stark.

Auch zu wissen, daß wir beide uns im Bett aneinanderkuscheln konnten, während er einsam in seinem Bett lag, war nicht geeignet, seine Stimmung zu heben. Das Schlimmste aber passierte in der dritten Nacht, die wir bei ihm verbrachten:

Nachdem ich mich bei Mutter austoben konnte, war es nicht schwer für mich, mich aus Rücksicht auf Vater, ein oder zwei Tage ‚zölibatär‘ zu verhalten. Doch in der dritten Nacht, als ich dachte, daß Vater schon eingeschlafen war, mußte ich meinen Schwanz bei Bella doch reinstecken. Ich verhielt mich beim Ficken ganz still, doch Bella war zu lebendig, als daß alles ohne Geräusche und Gestöhne vor sich hätte gehen können. Als ich mich dann nach einem endlosen

Orgasmus erholen wollte, stieß mir Bella mit dem Ellbogen in die Seite. Sie wollte mich auf etwas aufmerksam machen.

Und tatsächlich: Ich hörte das Bett, auf dem Vater schlief, leise quietschen. Ich hörte auch, daß sein Atem ziemlich laut und schnell ging. Meine Augen, die sich an die Dunkelheit gewöhnten, richtete ich auf sein Bett und sah, soweit die Dunkelheit das erkennen ließ, daß Vater unter der Bettdecke mit angezogenen Knien lag, und daß sich die Decke dort, wo sich sein Unterleib befand, heftig bewegte. Es war eindeutig: Mein alter Herr wichste. Auch das zwar unterdrückte, aber ziemlich laute Aufstöhnen, als er ejakulierte, bestätigte meine Vermutung.

Mir tat der alte Knabe unendlich leid. Ich nahm mir vor, solange wir uns bei ihm aufhalten werden, nicht mehr mit Bella zu ficken. Doch es ist leicht, sich etwas vorzunehmen, es ist viel schwerer, es auch zu halten. Bereits am nächsten Abend hatte ich einen Dauerständer. Ich wußte, ich halte es nicht durch. Deshalb ging ich, sobald mein alter Herr in seinem Bett verschwand, auf die Toilette. Vorher bat ich aber Bella, gleich nachzukommen.

Als sie in der Toilette erschien, habe ich mich auf den Klodeckel gesetzt und Bella auf meinen Schoß gezogen. Da meine Pyjamahose unten an meinen Fesseln lag und Bella ihre Hose ebenfalls nach unten schob, setzte sie sich auf meinen Pint, und wir begannen, so im Sitzen zu ficken.

Es dauerte nicht lange, bis Bella ihren ersten Höhe-

punkt erreichte, und durch die Pikanterie, im Klosett zu ficken, kam ich auch bald zum Abschuß. Doch mein Schwanz wurde nicht weich, so blieb Bella darauf sitzen.

Ich sagte ihr, daß der alte Knabe mir sehr leid tut.

»Mir tut er auch leid«, sagte Bella, »doch was können wir tun?«

In mir begann sich ein Gedanke zu entwickeln.

»Weißt du«, flüsterte ich, »er hat keine Frau, und er weiß, daß wir im selben Zimmer ficken. Er weiß, was für Wonnen wir erleben, während er schon lange keine Frau mehr genießen konnte. Ja, er kann sich befriedigen, aber er ist kein Knabe mehr, der sich mit Wichsen zufriedengeben kann. Sein Pimmel steht, und er sehnt sich nach einer Frau, nach einer Fotze. Kannst du dir seine Qualen vorstellen?«

Ich glaube, Bella begann es zu dämmern, worauf ich hinaus wollte. Sie sagte aber nichts. So malte ich meine Gedanken weiter aus: »Wenn er auch ficken könnte, wäre er bestimmt viel fröhlicher, auch viel freundlicher. Denn nur derjenige kann freundlich sein, der auch fröhlich und zufrieden ist. Deshalb dachte ich, daß eventuell ...«

»Du willst, daß ich mit ihm ficke!« stellte Bella unverblümt fest.

»Ja, ich meine ... wenn es dir nicht schwerfallen würde ... vielleicht nur einmal ... wenn es dir nicht gefällt, muß es nicht wieder vorkommen ... natürlich nur, wenn du es auch willst. Vielleicht würde es dir auch gefallen. Du hast doch gehört, was Mutter sagte,

daß er einen sehr schönen Schwanz hat, der sich sehr gut anfühlt. Natürlich nur, wenn es dir nicht schwerfällt. Ich will dich um nichts auf der Welt zu etwas zwingen. Wirklich nur, wenn du es willst. Vielleicht einmal ... oder so. Schau mal, er ist mein Vater. Es ist so, als ob du mit mir ficken würdest.«

»Er mag mich aber nicht«, erwiderte Bella. »Er wird mich nicht haben wollen.«

»Doch, er wird dich mögen. Und wenn er dich einmal gefickt hat, wird er sich wahrscheinlich in dich verlieben«, schmiedete ich das Eisen.

Bella überlegte nicht lange.

»Gut, ich mache es. Dir zuliebe.«

Ich küßte ihren Nacken, und dann begann ich, sie erneut zu ficken.

Ich wußte, daß ich Vater aus seiner Apathie und Lethargie nur durch einen Schock heraushelfen kann. Durch einen Schock, der auch die erstickenden Wände, die seine Erziehung um seine Seele aufgebaut haben, niederzureißen vermag. Ich wußte, daß ich viel riskiere, aber wer nichts riskiert, kann auch nichts gewinnen. Schlimmstenfalls wird er uns rausschmeißen. Na, dann fahren wir einfach nach Hause. Wer sich nicht helfen läßt, dem kann man auch nicht helfen.

Am nächsten Nachmittag ging Bella spazieren. Alleine. Auf meine Bitte. Ich blieb mit Vater alleine.

Ich stellte eine Flasche Whiskey, die ich am Vormittag besorgt hatte, auf den Tisch. Ich weiß, daß Alkohol nicht nur beruhigend wirkt; er löst zuerst die Hem-

mungen und dann die Zunge.

»Vater, ich will mit dir reden«, sagte ich und öffnete die Flasche. Ich schenkte ein – und schwieg. Wir tranken. Vater sagte auch kein Wort; er spürte, daß etwas in der Luft lag, er wußte aber nicht, was. Er stellte sich auf Warten ein. Ich vorläufig auch. Erst nach dem vierten Glas begann ich zu sprechen: »Vater, wenn du alleine bleibst, gehst du kaputt. Ich kann das nicht zulassen!«

»Was soll ich machen?« fragte er.

»Besorg dir eine Frau!«

»Wer will einen so alten Mann haben?«

»Ach, es gibt viele Frauen, die sich alle zehn Finger lecken würden, wenn sie einen solchen Kerl wie dich bekämen.«

»Ja«, sagte Vater ironisch, »aber die sind alle blind und halbtot.«

»Ich kann dir das Gegenteil beweisen. Ich kann dir beweisen, daß auch junge und hübsche Frauen noch etwas mit dir anfangen können.«

»Du machst Scherze«, winkte er ab.

Da ließ ich die Rakete los: »Vater, ich will dir etwas sagen. Aber du mußt mir versprechen, daß du mir fünf Minuten zuhören wirst, ohne etwas zu sagen und ohne zu widersprechen, egal was ich sage. Danach kannst du mir zustimmen oder mich rauswerfen. Okay?«

Er nickte nur.

»Vater, was ich dir jetzt sagen werde, hat noch kein Sohn zu seinem Vater gesagt. Ich weiß, daß du auch

182

bestimmte Bedürfnisse hast wie jeder Mann. Du brauchst eine Frau, die mit dir ins Bett geht. Es kann nicht so weitergehen, daß du dich Nacht für Nacht nur mit Wichsen befriedigst. Sag jetzt kein Wort«, sagte ich, als ich sah, daß er seinen Mund öffnete. »Ich weiß, du beneidest mich, weil ich eine schöne, junge Frau habe, die mir auch im Bett viel Freude und Glück schenkt. Ich will nicht, daß du weiter leidest. Ich biete dir jetzt etwas an, das Größte, was ein Sohn seinem Vater je schenken kann. Ich biete dir meine Frau an. Du darfst sie ficken. Mir wird das nicht weh tun, weil ich dich als meinen Vater liebe. Du darfst sie ficken, aber nur, wenn ich dabei bin. Und ich verlange, daß du deine Hemmungen abwirfst. Ich will, daß du es mit Freude machst und mit Genuß, ohne jegliche Reue oder falsch interpretierte Konvention. Du darfst sie lecken, du darfst sie ficken. Aber du mußt dies offen tun. Ohne Scham und ohne viel Herumreden. Ich will, daß du endlich frei wirst. Schluß mit der Heuchelei! Nenn endlich die Dinge beim Namen. Schwanz ist Schwanz und Fotze ist Fotze! Und ficken ist ficken! Verstehst du, wie ich es meine? ... Nein, sag noch nichts! Ich bin noch nicht fertig! Ich weiß nicht, wie Bella auf dich reagieren wird. Zunächst einmal wird sie für dich die Beine breitmachen, wenn ich es ihr sage, das weiß ich. Sie liebt mich, und sie macht alles für mich. Wenn du lieb zu ihr bist, wird sie vielleicht auch mehrmals mit dir ficken. Wenn nicht, hast du nur einmal die Freude an ihrem Körper gehabt. Überleg es dir. Und überleg es dir gut! Denn ich gebe dir diese

Gelegenheit nur ein einziges Mal! Wenn du ja sagst, kannst du sie haben. Wenn du jetzt nein sagst, wirst du nie mehr im Leben diese Möglichkeit bekommen! Meine Frau ist für mich heilig, wer sie ablehnt, bekommt sie bestimmt nie mehr. Aber auch mein Vater ist für mich heilig, deshalb biete ich dir das, was für mich auf dieser Welt am teuersten ist, an: meine Frau. Vater, ich gehe jetzt raus an die frische Luft. Du hast genau fünf Minuten, dich zu entscheiden. Wenn ich zurückkomme, kannst du ja oder nein sagen. Wenn du nein sagst, reise ich mit Bella sofort ab, und du siehst uns nie mehr!«

Ich ging vor die Tür und schaute auf meine Armbanduhr. Der Zeiger kroch mit quälender Langsamkeit über das Zifferblatt. Genau nach fünf Minuten öffnete ich die Tür und trat ein.

Vater saß am Tisch. Die Flasche vor ihm war leer. Ich schaute ihn fragend an. Er hob sein Gesicht und fragte: »Und was, wenn sie nein sagt?«

Das Eis war gebrochen.

XXIII

Ich ging auf die Straße und holte Bella zurück. Ich erzählte ihr unterwegs, wie die Sache gelaufen war.

Der Rest des Abends verlief fast wortlos. Bella bereitete ein Abendessen vor. Ich beobachtete meinen alten Herrn. Er schien wie ausgewechselt zu sein. Ich merkte, daß er verstohlene Blicke auf Bellas Titten und auf ihren Arsch warf. Ich sah auch deutlich, daß er geil war; es war an seiner Hose zu sehen.

Dann gingen wir zu Bett. So wie bisher, Bella mit mir. Das Licht wurde gelöscht. Ich erfaßte Bellas Fotze. Sie war naß. Ich wußte sofort, die Sache würde gut verlaufen.

»Geh jetzt zu ihm«, sagte ich flüsternd zu Bella.

»Was soll ich machen?« fragte sie.

»Na, du ziehst dich nackt aus, gehst zu ihm, schlüpfst unter seine Decke und greifst nach seinem Schwanz. Alles andere ergibt sich dann von selbst. Viel Spaß, Liebste!«

Ich küßte sie auf den Mund.

Bella stand auf und legte ihren Pyjama ab. Dann ging sie zu Vaters Bett und legte sich zu ihm. Ich hörte, daß Vater laut aufstöhnte. ‚Aha‘, dachte ich, ‚jetzt hat sie seinen Pimmel erfaßt.‘ Ich lauschte in die Stille des Zimmers.

Dann hörte ich das Bett knarren. Verdammt rhyth-

185

misch. „Jetzt fickt er sie', dachte ich, und mein Schwanz versteifte sich. Ich stellte mir vor, was jetzt Vaters Schwanz fühlte. Ich mußte meinen Schwanz mit der Hand festhalten und fest drücken.

Das Quietschen des Bettes wurde immer lauter. Dann hörte ich Bella seufzen. Genau so, als würde ihr der Fick gefallen. Ich freute mich so sehr. Vater hatte gewonnen.

Dann hörte ich Vater sagen: »Ach, jetzt kommt es mir!«

Und Bella konterte: »Mir auch!«

Dann war es still.

Ich hörte Bellas barfüßige Schritte nicht, als sie zu mir zurückkam, ich spürte nur ihren Körper.

»Wie war es?« fragte ich sie leise.

»Er fickt sehr gut«, antwortete Bella.

Welche Antwort hätte ich sonst von ihr erwarten können?

»Willst du mit ihm noch einmal ficken?« fragte ich.

Bella sagte leise ja, aber da war schon mein Pimmel in ihrer Fotze, die überzulaufen schien.

Zu wissen, daß sie soeben gefickt wurde, machte mich unheimlich geil. Ich fickte sie wild, und wir hielten unseren Mund dabei bestimmt nicht. Wir waren sehr laut. Es war ein wunderbarer Fick!

Kaum hatte ich abgespritzt, sagte ich: »Liebste, geh mal zu Vater, vielleicht will er dich noch mal ficken!« und dabei versuchte ich gar nicht leise zu sein.

Bella ging zu meinem alten Herrn, und bald fickten sie wieder. Diesmal waren auch sie ziemlich laut.

Vater schnaufte, und ich hörte, wie er sagte: »Oh, ist das schön!«

Dann kehrte Bella wieder zu mir zurück, und auch ich fickte sie erneut.

Die Sonne stand schon hoch am Himmel, als wir aufwachten. Bella machte Kaffee und brachte ihn uns ans Bett. Splitternackt. Vater küßte sie und strich über ihren Arsch.

Zu Mittag aßen wir in einem Restaurant. Dann gingen wir nach Hause. Vater war fröhlich und schien ganz verjüngt. Er nahm seine Augen kaum von Bella. Zu Hause angekommen, sah ich, daß Vater einen mächtigen Ständer hatte. Aber einen solchen hatte ich auch. Ich bat Bella, sie sollte sich auf den Tisch setzen. Ich öffnete ihre Bluse und holte ihre Titten heraus. Dann griff ich unter ihren Rock und zog ihr den Slip aus. Sie legte sich nach hinten, ich warf ihren Rock hoch und öffnete ihre Schenkel.

»Ist das nicht eine wunderbare Fotze?« fragte ich.

Und Vater sagte: »Ja, sie ist wunderbar.«

»Was ist wunderbar?« forcierte ich.

Und Vater sagte: »Ihre Fotze ist wunderbar!«

»Dann leck sie«, sagte ich.

Und Vater tat das mit Begeisterung.

Bella quietschte vor Vergnügen. Sie war echt geil, sie warf ihren Arsch in die Höhe. Dann stellte ich Bella auf die Beine und entblößte ihren Arsch. Wir beiden Männer streichelten und kneteten ihre Rundungen.

Doch auch Bella blieb nicht untätig. Sie öffnete Va-

ters Hose und holte seinen steifen Pimmel heraus. Um mich mußte sie sich nicht kümmern, ich holte meinen Zauberstab selber heraus. Bella nahm Vaters Eichel in ihren Mund. Er schrie vor Lust auf.

»Das hat mir deine Mutter nie gemacht!« sagte er.

Bella lutschte unsere Schwänze abwechselnd.

»Mutter würde dir das heute liebend gerne tun. Sie leidet unter der Einsamkeit genauso wie du. Und sie liebt dich immer noch! Sie würde liebend gerne zu dir zurückkehren. Du bereust doch bestimmt, daß du sie weggeschickt hast? Möchtest du, daß sie wieder zu dir zurückkäme?«

»Ja, das möchte ich«, sagte Vater.

»Bist du ihr nicht mehr für ihren Seitensprung von damals böse?«

»Nein, und tausendmal nein! Ich würde ihr sogar erlauben, daß sie mit anderen Männern fickt, so wie du mir auch erlaubst, daß ich deine Frau ficke.«

Vater war endlich frei.

»Dann fick sie!« sagte ich. »Und ich sorge dafür, daß Mutter zu dir zurückkommt.«

Vater legte Bella auf das Bett, zog sie aus und legte seine Kleider hastig ab. Dann bestieg er meine Frau und versenkte seinen Schwanz in ihre wartende Fotze.

»Stört dich nicht, daß ich deine Frau ficke?« fragte Vater.

»Überhaupt nicht! Übrigens, auch ich habe deine Frau gefickt!«

»Was? Du hast deine Mutter gefickt?«

Vater hob den Kopf.

»Aber ja! Sie brauchte einen guten Fick genau so wie du. Und Bella konnte ich ihr nicht anbieten.«

Unter anderen Umständen hätte mich Vater wahrscheinlich totgeschlagen. Aber sein Pimmel befand sich in einer Fotze, und in diesem Zustand sind die Männer sowieso keines klaren Gedankens fähig.

Am nächsten Tag fuhr ich zu Mutter, um sie abzuholen. Bella blieb bei Vater. Der alte Herr soll sich ausficken und nachholen, was er in der letzten Zeit versäumt hat.

Ich erzählte Mutter alles. Sie war glücklich. Es war Abend, als ich ankam, und wir gingen bald ins Bett. Ich habe mit Mutter die halbe Nacht gefickt. Viele Fotzen sind süß, aber vielleicht gibt es nichts Süßeres und Teureres als die Fotze der eigenen Mutter. Ich habe sie dreimal in den siebten Himmel geleckt, bevor ich ihr meinen sehnsüchtigen Pimmel reingesteckt habe.

Am nächsten Abend trafen wir bei Vater ein. Die beiden alten Herrschaften fielen einander um den Hals und weinten wie kleine Kinder. Ich kann die ganze rührende Szene nicht beschreiben, ich habe selbst kaum etwas gesehen, denn auch ich hatte Tränen in den Augen. Die Versöhnung mußte natürlich gefeiert werden, und zwar mit Champagner in einem Restaurant.

Wieder zu Hause, fragte Mutter: »Kannst du mir verzeihen?«

»Ich habe dir nichts zu verzeihen«, antwortete Vater.

»Meinetwegen darfst du ficken, mit wem du willst!«

Mutter staunte nicht wenig; noch nie hatte sie Vater in diesem Ton sprechen hören.

»Und ich bin nicht mehr der sture Bock wie früher!« fügte er hinzu.

»Stur nicht«, lachte Bella, »aber ein Bock ist er!«

Und dann befahl Vater: »Und jetzt runter mit den Klamotten!«

Blitzschnell waren wir alle vier pudelnackt. Zwei geile Schwänze ragten gen Himmel, aber es war kein Wunder, denn zwei geile Weiber übten ihren Einfluß auf unsere Hormone aus.

Vater fiel auf die Knie vor seiner Gattin. Er drehte sie mit dem Rücken zu sich und umklammerte ihren Unterkörper mit beiden Armen. Er drückte sein Gesicht gegen ihren immer noch schönen Arsch, bedeckte ihre Hinterbacken mit tausend Küssen und stöhnte: »Oh, wie sehr ich dich vermißt habe! Wie sehr ich mich nach deinem Arsch gesehnt habe und wie er mir gefehlt hat!« Dann drehte er sie um und begann, ihre Fotze zu küssen. »Ich liebe dich, ich liebe deine Fotze. Ich habe gehört, du hast mit deinem Sohn gefickt. Ich freue mich für dich! Aber ich brauche dich auch, und ich will dich jetzt ficken!«

Dann stand Vater auf, nahm seine heimgekehrte Gattin auf den Arm und legte sie auf das Bett. Mutter lag mit weit gespreizten Beinen da in der fiebrigen Erwartung, den Schwanz des geliebten Mannes nach so langer Zeit wieder in ihrer Fotze zu empfangen. Wir, Bella und ich, standen neben ihrem Bett, als Vater sie

190

zu ficken begann. Bella hielt dabei meinen Schwanz mit ihrer Hand umklammert, und meine Hand ruhte auf ihrem süßen Arsch.

Dann hatten auch wir beide es plötzlich sehr eilig, ins Bett zu kommen. Angestachelt durch die Geräusche und geilen Worte, die vom Bett meiner Eltern zu hören waren, hatte ich auch einen sehr beglückenden Fick mit meiner Frau. Dann war lange Zeit nur das Quietschen des Bettes, das laute Stöhnen und auch das Schmatzen der feuchten Mösen, in denen unsere Schaumschläger tobten, zu hören.

»Du fickst so gut«, gurrte mir Bella ins Ohr.

Und ich hörte auch Mutter kontern: »Auch du fickst sehr gut, mein Liebster!«

Das galt natürlich meinem Vater.

Dann fingen die beiden erneut an. Das Stöhnen törnte auch uns an, und ich steckte meinen pochenden Schwanz in Bellas wunderbare Fotze.

Wir waren fest beim Ficken, als ich Vaters Stimme hörte: »Micky! Tauschen wir die Partnerinnen?«

Und ich habe ja gesagt.

Schlußbemerkung

Micky hat sich auf die Hinterbeine gestellt und durch-
gesetzt, und das führte zur Familienzusammenfüh-
rung und zum Abschneiden der alten Zöpfe. Sein Verhalten war nicht nur nicht krankhaft, sondern es war
sogar segenbringend. Sein ungutes Gefühl, das weiß
ich jetzt, stammte aus seinem inzestuösem Verhältnis
zu seiner Mutter. Doch jetzt, im Nachhinein, sieht er
auch das positiv, wodurch eigentlich seine Probleme
gelöst sein dürften.

ENDE